Michael Skasa
Wunder der Improvisation

Michael Skasa

Wunder der Improvisation

Weihnachten
in den 40er Jahren

HERDER

FREIBURG · BASEL · WIEN

Gedruckt auf umweltfreundlichem, chlorfrei gebleichtem Papier

Originalausgabe

Alle Rechte vorbehalten – Printed in Germany
© Verlag Herder Freiburg im Breisgau 2007
www.herder.de
Herstellung: fgb freiburger graphische betriebe 2007
www.fgb.de
Satz: Layoutsatz Kendlinger
Innenlayout, Umschlagkonzeption und -gestaltung:
Groothuis, Lohfert, Consorten | glcons.de
Umschlagmotiv: © akg-images / Horst Janke
ISBN: 978-3-451-29734-2

Inhalt

Einleitung

Gold und Stroh, Weihrauch und Stallgeruch – die Weihnachtsgeschichte hat ein Ambiente, dessen Kontraste sich kaum effektvoller denken lassen. Gleich anfangs setzt Christi Geburt überdeutliche Zeichen, bettet bittere Not in glänzende Fülle, Stallkälte in Herzenswärme: Wer erniedrigt ist, wird erhöht werden; wer friert, der wird bekleidet; wer heute ein Kind in Lumpen ist, kann morgen König der Welt sein. Höchstes Elend und größtes Glück. Die Ausgestoßenen und Verjagten kuscheln sich eng zueinander, Landvolk drängt in den Stall, und aus der Ferne rücken drei mächtige Männer an, ihre Hilfe zu bringen, Carepakete und Anschubfinanzierung. Der Herr des Landes aber lässt seine unmündigen Söhne abschlachten. Dennoch wird das Gute siegen und wird Friede sein auf Erden für Menschen guten Willens. – Spiegelt sich darin nicht schon unsre Geschichte aus Kriegs- und Nachkriegszeit?

Die österliche Auferstehung ist ein Fest der hoffenden Gewissheit auf ein Leben nach dem Tod, Weihnachten ist das Fest des Aufbruchs ins Leben auf dieser Erde und zwar im Vertrauen auf Gemeinschaft aller Menschen, klassen- und rassenlos.

Daher ist Weihnachten in der Zeitspanne von Krieg und Wiederaufbau ein Fest von ganz besonderem Gemütswert, geradezu der Kulminationspunkt von Trauer und Hoffnung, ein Tränenreißer, Jubelschauer, Trotzmanifest, ja auch ein Traumschmachtfetzen von Hollywoodgröße, im Zusammenprall von Feindbeschuss und Stiller Nacht, germanischem Sonnenlichtfest und christlichem Kerzengeblake. Da beschwört das Kulturamt der NSDAP voller falscher Inbrunst und mit einer heute nur zu offensichtlichen propagandistischen Absicht die weihnachtliche »Feier der deutschen Blutgemeinschaft«, während zur gleichen Zeit die deutsche Jüdin Anne Frank – verfolgt und schließlich von den gnadenlosen Nazi-Schergen im KZ Bergen-Belsen ermordet – sich in ihrem Verschlag über ein Stückchen Extrabutter als Geschenk freut. Da schwadroniert die verlogene und verquaste Reichspropaganda, nur unser Deutschland habe dieses tiefe Weihnachts-Gemüt, und dann lesen wir in Frontberichten von gerührt mitsingenden Ukrainern und andren »Untermenschen«, und später ein Gleiches in Geschichten von der Gefangenschaft in Frankreich oder England. Es fällt einem da die Sache von der Flandernfront des Ersten Weltkriegs ein, wo die Feinde einander in Rufweite gegenüberlagen in ihren Schützengräben, seit Monaten, teils seit Jahren schon: die spontane Übereinkunft zum Stillstand der Waffen während der Weihnachtstage, und nicht nur das: ein Fußballspiel soll es gegeben haben zwischen den »Tommies« und den »Krauts«, und gemeinsam hat man »Stille Nacht, holy night« gesungen und Plätzchen gegen Plumpudding getauscht – bevor's dann wieder ans Erschießen ging.

Ein Stück dieses über der Krippe schwebenden Spruchbands »Friede auf Erden«. Ein Fetzen bloß. Und dennoch, dieses »Fest der Liebe«, des Schenkens und Sich-Schenkens, das Fest der Kinder und des Kinderglaubens, vermag es – in Kriegs- wie Nachkriegsjahren – den guten Kern der Menschen ans Licht zu heben; da werden Feinde zu Vätern, Besiegte zu Brüdern, Entwurzelte zu Hilfsbedürftigen; wenigstens für einen Abend, eine Heilige Nacht.

Diese Anthologie von Erinnerungen, Dokumenten, Erzählungen, Briefen und Gedichten führt uns durch ein besonders erschreckendes (und also auch faszinierendes) Jahrzehnt Geschichte, sie erzählt von ideologischer Verblendung und realem Frontschweineelend, von Gefangenschaft und Nächstenliebe, vom Überlebenswillen und dem bisweilen ruppigen Glück am Schwarzmarkt und beim Wiederaufbau privater Häuslichkeit. Mit einem Wort: Dies Weihnachtsfest quer durch ein solches Dezennium bringt das ganze Pandämonium menschlicher Gefühle ans Licht, ans Kerzenlicht von Christbäumen in russischer Steppe, auf englischen Bauernhöfen und in deutschen Wohnzimmern. Tragédie und Comédie Humaine.

»Engel gibt es ganz bestimmt«

Kinder, deren Fest Weihnachten ja vor allem ist, denken auch im Krieg nicht an Krieg; sie sehen, was da ist, und nehmen, was kommt. Woher sollten sie wissen, was normal ist, was verrückt? So dürfte die Geschichte des Münchner Kinderbuchautors und Malers Ali Mitgutsch, Jahrgang 1935, zwar in den frühen vierziger Jahren spielen, als längst die Bomben Schneisen schlugen, und trotzdem geht's unter diesen Nachbarlausbuben nur um Lametta und Engel und Rechthaben, und in Rostock erinnert sich der Reedersohn Walter Kempowski an Blechspielzeug und die zappelnden Märchenszenen in Kaufhäusern. Kaum anders als im Oberschlesischen der zehnjährige Karasek, der versunken mit der Eisenbahn spielte, bevor's auf die Flucht ging. – Desto grotesker das Familienbild der NSDAP, mit dem deutschen Alleinvertretungsanspruch, wenn's ums Gemüt geht – einem Gemüt allerdings, das sich im Kampf für Führer, Volk und Vaterland nichts draus macht, das eigene Volk in den Krieg zu hetzen und Millionen von Juden in Gaskammern zu ermorden; welche Ironie, dass hier der Tannenbaum als Totengedenkmal inszeniert wird. Während im Amsterdamer Versteck die dreizehnjährige Deutsche Anne Frank Briefe an eine fiktive Freundin schreibt ... Fern von ihrem Vaterland, das sie bald dem Führer opfern wird.

Vom Christkind und den Engeln

Am ersten Schultag nach den Ferien traf ich meinen Spezi Paule. Nachdem wir ausgiebig mit unseren Geschenken angegeben hatten, raunte er plötzlich in verschwörerischem Ton: »Du, ich weiß was, es gibt überhaupt kein Christkind oder Engel, das machen alles die Eltern, das mit dem Christkind ist ein Märchen.« Dann zog er wieder seine Rotzglocke in die Nase zurück und schaute wissend und erfahren.

»Das ist überhaupt nicht wahr, das kann gar nicht stimmen!« Ich ging sofort in Stellung, um mein Christkind zu verteidigen. Er fing zu erklären an: »Ich war in unserem Wohnzimmer. Da war außer dem leeren Baum nichts, rein gar nichts. Und den Baum hat mein Vater selber gekauft – ich war dabei. Ich hab diesmal scharf aufgepasst: Ich kann von meinem Zimmer aus den Eingang und das Wohnzimmerfenster genau überblicken. Nur meine Eltern sind aus und ein gegangen und haben die Geschenke aus dem Schlafzimmer rübergebracht. Keine Spur von Christkind oder Engeln. Niemand ist durchs Fenster oder die Oberlichte geflogen!

Meine Mutter hat mich dann mit Plätzchen und Tee abgelenkt. Mein Vater war noch in der Stube, dann hat er mit dem Glöckchen geläutet, sich hinter die Tür gestellt und gehofft, dass ich ihn in der Begeisterung nicht sehen würde.

Es gibt hundertprozentig kein Christkind oder Engel, das schwör ich dir.«

Ich kämpfte mit aller Vehemenz gegen seine Logik. Das Christkind könne auch durch geschlossene Fenster fliegen. – Schmarrn, meinte Paule, die Geschenke seien von den Eltern gekauft und versteckt worden. – Er könne ja einen Augenblick abgelenkt gewesen sein, als die Engel und das Christkind in die Stube witschten. – Schon, meinte mein Spezi, aber dann hätte er sie wieder herauskommen sehen, zum Beispiel durch die offenen Oberlichte. Ich beharrte auf meinem Standpunkt: gerade heuer hätte ich mehrere Engel fliegen sehen, das könne ich beschwören. – Unsinn, meinte Paule, das waren Tauben oder Schweiberl. – Schweiberl? Unmöglich, Schwalben seien im Winter im Ausland und außerdem hätte ich spinnwebenfeine Hemdchen gesehen mit goldenem Rand, und ganz zart hätte ich sie rauschen hören. – Blödsinn, das seien sicher weiße Tauben gewesen. – Außerdem hätte ich öfter am Morgen Stückchen von Goldschnüren und Lametta auf dem Küchenboden gefunden, schrie ich ihn an. – »Du bist ja blöd und so kindisch, dass ich mich mit dir überhaupt nicht mehr unterhalten will«, zischte er. – »Selber blöd«, schrie ich und gab ihm einen Renner vor die Brust. – »Das Lametta und die Goldfäden haben doch deine Eltern hingelegt, weil sie dich für so kindisch halten, dass du das noch glaubst«, höhnte er und gab mir einen Stoß mit der rechten Schulter, dass ich hinflog. Jetzt prügelten wir uns richtig, nach kurzer Zeit blutete er aus der Nase, und mir schwoll die Unterlippe an. »Aber das sage ich dir«, knirschte ich aus dem zuschwellenden Mund, »wenn es schon kein Christkind gibt, Engel gibt es ganz bestimmt.« – »Glaub doch, was du willst, du kindischer Arsch, du«, zeterte er über seine Schulter, während er mit einem schmutzigen Taschentuch sein Nasenbluten zu stillen versuchte und heimwärts abzog.

Ich kam auf meinem Heimweg nur ganz langsam voran, weil ich noch einmal alle Argumente und Gegenargumente überdenken musste. Es war ein harter Kampf, und ich hab ihn nur halb gewonnen: Gut, das mit dem Christkind waren vielleicht wirklich die Eltern, aber die Engel, die durch Oberlichte fliegen und den Eltern an Weihnachten helfen, die konnte ich einfach noch nicht auf dem Altar einer nüchternen Wirklichkeit opfern. Zu deutlich hatte ich dieses feine Rascheln im Ohr.

Und so schaffte ich es, mir den Glauben an angelische Weihnachtshilfe fast noch ein ganzes Jahr zu erhalten. Und ein bisschen glaub ich noch heute dran.

Ali Mitgutsch

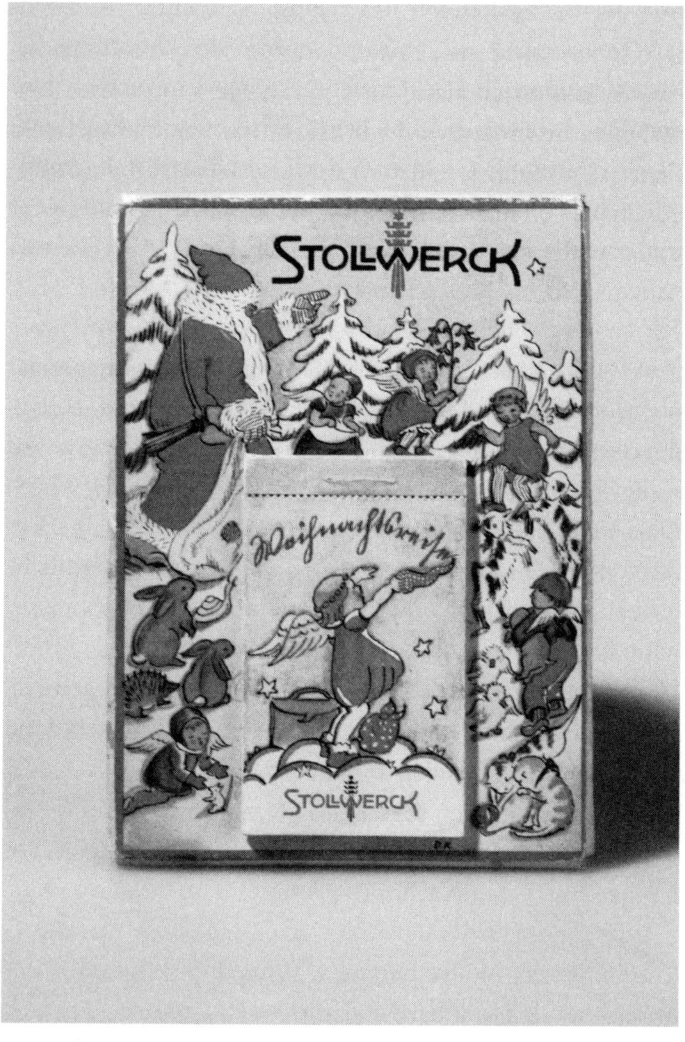

Panzer

Den Panzer zieht man an der Seite auf. Mit seinen Gummi-
raupen kommt er rasch voran, er klettert über jede Tep-
pichfalte. Im Innern wird von einem Rad des Uhrwerks ein
Feuerstein angerissen, dann sprüht es aus der Kanone Fun-
ken. In der offenen Turmluke steht die Büste eines Panzer-
soldaten, der grüßt. Die Luke lässt sich nur schließen, wenn
man den Brustsoldaten vorher herausgenommen hat.

Zu Weihnachten waren in den Schaufenstern des Kaufhau-
ses bewegliche Bilder montiert. Da sprang das tapfere
Schneiderlein immerfort aus der Kapelle hinaus, während
vorn der wilde Eber anrannte, wieder und wieder. Die
Goldmarie wurde mit Gold überschüttet, die Pechmarie
mit Pech, während Frau Holle mit Brille aus dem Fenster
guckte und nickte.

Hänsel und Gretel wurden in einen Käfig gesperrt, aus dem
sie sofort wieder entwichen: Die Augen der Hexe glühten
dann rot. Und über den Himmel flog Münchhausen, von
Enten gezogen. Auch sägten Max und Moritz den Steg an,
während Schneider Bock Nadel und Faden durch einen
Lappen zog. Jeden Nachmittag um drei Uhr wurde die Me-
chanik angestellt, dann krähte der Hahn, und die Sonne
kam hinter der Wolke hervor. Die Kinder stellten sich vor
die Fenster. Ins Kaufhaus durften sie nicht hineingehen, ein

Mann in Uniform passte auf. Die Rolltreppe im Innern war nur für die Erwachsenen da.

Walter Kempowski

Weihnachten 1944

Weihnachten 1944 waren die letzten Weihnachten, die ich dort verbrachte, wo ich glaubte zu Hause zu sein. Bielitz gehörte damals zu Großdeutschland und ich hatte seit 1940 dort Weihnachten erlebt. 1937 in Brünn, 1938 und 1939 in Wien. Ich war zehn Jahre alt und einige Tage zuvor von der Napola, die ich seit dem Herbst besuchte, für die Weihnachtsferien nach Hause gekommen. Es war schön, aus dem kalten Drill und Schliff der Nationalpolitischen Erziehungsanstalt in das luxuriöse weiche Zuhause zurückfallen zu können. Dass ich im Januar wieder zurück müsste, verdrängte ich.

Unsere Wohnung in Bielitz lag in der Dr.-Joseph-Goebbels-Straße, direkt neben der Kreisleitung der NSDAP. (...) Die Wohnung hatte Etagenheizung, der Koksofen stand im Flur, nahe dem Eingang, das Haus hatte kleine Aufzüge, mit denen die Dienstboten den Koks in Schütten aus dem Keller hochziehen konnten. (...)

Neben dem Schlafzimmer lag das Bad. Es war grün gekachelt, hatte eine eingelassene Badewanne, ein Bidet, das mich faszinierte, weil es nicht für mich bestimmt war, und einen Gasbadeofen, an dem immer ein Flämmchen brannte. Drehte man warmes Wasser auf, sprang die Heizung mit einem Fauchen an.

Vor Weihnachten war die Wanne voll kalten Wassers und sechs oder sieben Karpfen schwammen darin herum. Mein Vater, der keiner Fliege etwas zuleide tun konnte, übernahm die Pflicht, die Weihnachtskarpfen mit einem Hammer zu erschlagen. Ich sah ihm mit erschrockener Lust zu; eine weitere Mutprobe war es, am Abend die Augen der Karpfen zu essen. Eine Delikatesse, sagte mein Vater, wie das Fleisch hinter den Kiemen. (. . .)

1939 hatten viele überhastet die Stadt verlassen, als die Deutschen einmarschierten. Zwar war Bielitz schon früher eine deutsche Tuchstadt gewesen, die Mehrheit der Bevölkerung war deutsch, aber nach 1918 war Österreichisch-Schlesien an Polen gefallen. 1939, nach Hitlers Blitzkrieg und Blitzsieg, gehörte es zum Gau Oberschlesien. Bielitz wurde Kreisstadt, nichts Besonderes. Nur dass im Kreis Bielitz Auschwitz lag. (. . .)

Ein paar Tage vor dem Heiligen Abend 1944 war ich alleine zu Hause, meine drei kleinen Geschwister schliefen schon, Soscha war in der Küche oder in ihrer Kammer. In der Stille knackten nur die Heizkörper. Ich ging ins Schlafzimmer meiner Eltern, zog die Schubladen der Kommode auf und fand, was ich suchte: meine Weihnachtsgeschenke. Vor Freude und Vorfreude konnte ich mich kaum halten, denn ich hatte etwas entdeckt, worauf ich gehofft, womit ich aber nie gerechnet hatte: eine Märklin-Eisenbahn, Schienen mit auf Blech gemaltem Schotter, einen Transformator, eine Lokomotive, Personenwaggons, Güterwaggons. Beseligt schob ich die Schublade wieder zu, ich glaube nicht, dass ich ein schlechtes Gewissen hatte. Ich freute mich wie noch nie auf Weihnachten, darauf, wie ich die Schienen zusammenstecken, den Zug über die Gleise rollen lassen würde. Ich würde die Weichen stellen, die Lokomotive würde mit ihren Scheinwerfern leuchten, ihre kleinen Kolben würden wie verrückt rattern. Und Jahr für Jahr würde die Bahn umfangreicher werden, Häuser würden dazu kommen, Brücken, Tunnels, Bahnhöfe. Was für eine Zukunft.

Weihnachten 1944 war besonders kalt, weiß war es in den Beskiden ohnehin. Die Wohnung war warm, ich hatte zur Eisenbahn noch einen Metallbaukasten bekommen und Bausteine. Aber leider war mir sterbenselend, ich war das üppig fette Essen, die Weihnachtsgans, nicht gewohnt und habe mich über dem glatten, glänzenden Parkettboden übergeben. Meine Mutter steckte mich ins Bett und gab mir Tee.

Ein paar Tage später hieß es, die Mutter müsse mit uns Kindern Bielitz verlassen. Vorübergehend. Die Russen hätten in einer Offensive die deutsche Front gebrochen und seien

im Vorstoß auf das Kohle- und Industrierevier um Katto-
witz. Mein Vater müsse an der Heimatfront bleiben.

Wir packten ein paar Koffer, so viel, wie ich und meine
Mutter gerade tragen konnten, und mein Vater fuhr uns
zum Bahnhof, der von Schneestürmen umtobt war. Meine
kleinen Geschwister, meinen fünfjährigen Bruder Horst,
meine vierjährige Schwester Ingrid und meine zweijährige
Schwester Heidrun hielten wir an der Hand. Nach stun-
denlangem Warten auf dem Bahnsteig, der immer wieder
von Schneeverwehungen freigeschaufelt werden musste,
drängten wir uns in einen überfüllten Zug, der uns, »vorübergehend«, so beschwichtigte mein Vater meine Mutter,
auf ein Gut in Niederschlesien bringen sollte. Ich erinnere
mich an das erleichtert freudige Gefühl, das ich empfand,
weil ich nach den Ferien nun doch nicht mehr in meine ge-
hasste Schule mit ihrem Drill zurückkehren musste. Ich
wusste noch nichts von den Wochen, in denen wir uns immer wieder in eisige Züge kämpfen und drängen, auf vereis-
ten Straßen auf Lastwagen warten, in überfüllten Wartesä-
len oder Schulen auf dem Boden schlafen, in Gestank, Ge-
schrei, unter Verzweifelten und dumpf Verstummten, im
Dreck, in Angst und Panik, die Tage in Hunger und Kälte
verbringen mussten. Es war der totale Zusammenbruch.
Dass es eine Befreiung war, lernte ich erst Jahre später. Nur
manchmal hätte ich gerne gewusst, wer später an Weihnachten von den Tellern gegessen hat, die wir zurückließen.

Welche Bilder an den Wänden hingen. Und was aus der Märklin-Eisenbahn geworden ist, mit der ich nur zwei Tage gespielt hatte.

In den ersten Nachkriegsjahren haben meine Eltern Bielitz in ihrer Erinnerung eingepanzert. So luxuriös wie Weihnachten 1944, wo wir zum letzten Mal von Tellern mit Goldrand aßen, haben meine Eltern nie wieder gelebt.

Hellmuth Karasek

Dr. Goebbels zum Weihnachtsabend 1941

In Gedanken an den Führer, der auch an diesem Abend allgegenwärtig ist da, wo Deutsche zusammensitzen, werden wir uns um das Vaterland stellen. Es soll größer, schöner und erhabener aus diesem Kriege hervorgehen. Es soll die stolze und freie Heimat für uns alle sein. Das wollen wir in dieser Stunde dem Führer geloben. Er kann sich auf sein Volk an der Front, in der Heimat und in der weiten Welt verlassen. Er führt uns, wir folgen ihm. Von keinem Gedanken des Zweifels belastet, tragen wir hinter ihm die Fahne und das Reich.

Fahne und Reich sollen rein und unversehrt sein, wenn die große Stunde des Sieges kommt.

Hauptkulturamt der NSDAP: Weihnachten in der Familie

Ihren schönsten Ausdruck findet die deutsche Familie, diese Gemeinschaft des Blutes, die, durch Liebe zusammengebunden, unlösbar ist über Zeit und Raum, im Weihnachtsfest. In ihm erlebt sie sich selber und macht alles Unausgesprochene feiernd sichtbar. Auf alten Weihnachtsbildern sehen wir die innigste Schau deutschen Wesens in den lieben Zügen der Mutter mit ihrem Kind, in den alten Weihnachtsweisen schwingen Wiegenlieder und klingen Kinderweisen anauf.

Dort nur kann Weihnachten zutiefst begangen werden, wo Kinder mit blanken Augen, in denen sich die Tannenbaumlichter spiegeln, und mit hellen Stimmen, die vom verschneiten Wald und blinkenden Sternen singen, sich um ihre Mutter stellen, oder wo man in der Erinnerung an die eigene Kindheit das Fest begeht; dass die kindhafte Freude am Tannenbaum und Weihnachtsmann in einem bis ans Lebensende wach bleibt – das ist das schönste Geschenk, das Eltern ihren Kindern geben können, denn von einer Handvoll Liebe und einem Weihnachtslicht aus der Kindheit kann man ein ganzes langes Leben Kälte und Not überstehen.

Lasst uns einen Atemzug vor unserem Tannenbaum bedenken, dass der Bolschewismus das Weihnachtsfest mit Stumpf und Stiel ausgerottet und dass der Amerikanismus es zu einem Rummel mit Jazz und Barbetrieb verunstaltet hat, dann wissen wir, dass wir auch im Kriege, nein, gerade im Kriege Weihnachten in der Familie begehen müssen; denn auch dafür, dass wir dieses Fest behalten und gestalten dürfen, stehen unsere Soldaten die Wacht.

. . . Und dann ist endlich der Weihnachtsabend da . . .
Wenn die Kinder ins Bett gehen müssen, darf jedes sich noch ein Gebäck vom Tannenbaum mitnehmen. Dass jedes das schönste Spielzeug mit ins Bett bekommt, ist ja selbstverständlich.
Inzwischen ist für die Großen der Tisch gedeckt, und es gibt alle Jahre das gleiche Gericht – schon von der Heimat her: Karpfen, und Brot und Käse als Nachtisch. Und ein Glas wird ausgetrunken im Gedenken an alle Verwandten und Freunde des Hauses, die im letzten Jahre von uns gegangen sind.

Die Mutter liest das Gedicht von der toten Soldaten Heimkehr:

Einmal im Jahr, in der Heiligen Nacht,
verlassen die toten Soldaten die Wacht,

die sie für Deutschlands Zukunft stehen.

Sie kommen nach Haus, nach Art und Ordnung zu sehn . . .

Die Bilder der gefallenen Kameraden und Freunde des Hauses stehen dabei, mit einem Tannenreisig geschmückt auf dem Tisch. Hinter dem Bild des Führers und denen der Ahnen steckt ebenfalls ein Tannenzweig, und auf dem Wandleuchter ist ihnen ein Licht angezündet. Denn am Tannenbaum treffen sich Ahnen und Enkel, die Toten und die Lebenden.

Briefe an Kitty

Dienstag, 22. Dezember 1942

Liebe Kitty

Das Hinterhaus hat mit Freude vernommen, dass jeder zu Weihnachten ein viertel Pfund Butter extra bekommt. In der Zeitung steht zwar ein halbes Pfund, aber das gilt nur für die glücklichen Sterblichen, die ihre Lebensmittelkarten vom Staat bekommen, nicht für untergetauchte Juden, die, weil der Preis so hoch ist, nur vier statt acht Karten illegal kaufen können. Wir wollen alle etwas backen mit dieser Butter. Ich habe heute Morgen Plätzchen und zwei Torten gemacht. Oben gibt es viel Arbeit, und Mutter hat verboten, dass ich lerne oder lese, bevor die ganze Hausarbeit erledigt ist.

Frau van Daan liegt mit ihrer gequetschten Rippe im Bett, klagt den ganzen Tag, lässt sich ständig neue Verbände anlegen und ist mit nichts zufrieden. Ich werde froh sein, wenn sie wieder auf ihren beiden Beinen steht und ihren Kram selbst macht. Denn das muss man sagen, sie ist außergewöhnlich fleißig und ordentlich, und solange sie sich körperlich und geistig in einem guten Zustand befindet, auch fröhlich.

Als ob ich tagsüber nicht schon genug »pst, pst« zu hören bekomme, weil ich immer zu viel Lärm mache, ist mein Herr Zimmergenosse nun auf die Idee gekommen, mir auch nachts wiederholt »pst, pst« zuzurufen. Ich dürfte mich, wenn es nach ihm ginge, noch nicht mal umdrehen. Ich denke nicht daran, das zu beachten, und das nächste Mal rufe ich einfach auch »pst«.

Er wird von Tag zu Tag unangenehmer und egoistischer. Von den freigiebig versprochenen Plätzchen habe ich nach der ersten Woche kein Stück mehr gesehen. Vor allem sonntags macht er mich wütend, wenn er so früh das Licht anmacht und mit seinen zehn Minuten Gymnastik anfängt. Mir armen Geplagten kommt es wie Stunden vor, denn die Stühle, mit denen mein Bett verlängert ist, schieben sich ständig unter meinem schläfrigen Kopf hin und her. Nachdem er mit ein paar heftigen Armschwüngen seine Gelen-

kigkeitsübungen beendet hat, beginnt der Herr mit seiner
Toilette. Die Unterhose hängt am Haken, also erst dorthin,
dann wieder zurück. Die Krawatte liegt auf dem Tisch, also
wieder schiebend und stoßend an meinen Stühlen vorbei
und auf die gleiche Art zurück.

Aber ich will dich nicht mit Gejammer über alte, unange-
nehme Herren aufhalten, es wird doch nicht besser davon.
Und alle meine Rachepläne (Birnen ausschrauben, Tür ab-
schließen, Kleider verstecken) muss ich um des lieben Friedens willen leider unterlassen.

Ach, ich werde ja so vernünftig! Alles muss hier mit Vernunft geschehen, lernen, zuhören, Mund halten, helfen,
lieb sein, nachgeben und was weiß ich noch alles! Ich habe
Angst, dass ich meinen Vorrat an Vernunft, der ohnehin
nicht besonders groß ist, viel zu schnell verbrauche und für
die Nachkriegszeit nichts mehr übrig behalte.

Deine Anne

Montag, 27. Dezember 1943

Freitagabend habe ich zum ersten Mal in meinem Leben
etwas zu Weihnachten bekommen. Die Mädchen, Kleiman
und Kugler hatten wieder eine herrliche Überraschung vorbereitet. Miep hat einen wunderbaren Weihnachtskuchen
gebacken, auf dem »Friede 1944« stand. Bep hat ein Pfund
Butterkekse in Vorkriegsqualität besorgt.

Für Peter, Margot und mich gab es eine Flasche Joghurt

und für die Erwachsenen je eine Flasche Bier. Alles war wieder so hübsch eingepackt, mit Bildchen auf den verschiedenen Paketen. Ansonsten sind die Weihnachtstage schnell vorbeigegangen. Anne

Anne Frank

»Hohe Nacht mit großen Feuern«

An sich war das ganze Weihnachts-Gedöns den Nazis ja ein Gräuel, dieses christlich weichsinnige Heile-Welt-Zeug mit jüdischen Protagonisten! Und wie später dann DDR-Witzbolde dem Rauschgoldengel die entzückende Bezeichnung »Jahresendflügelfigur« gaben, mühten sich NS-Dienststellen vergebens, das altgermanische Julfest über Weihnachten zu stülpen und aus dem Christ- oder Tannenbaum einen Lichterbaum zu modeln. Mit dem Lied »Hohe Nacht der klaren Sterne«, das voller Absicht jeglichen religiösen Bezug umgeht, dafür ganz auf die (deutschen) Mütter setzt, gelang Hans Baumann, dem eifrigen und äußerst erfolgreichen Liederdichter für HJ und BDM, immerhin ein kleiner Treffer: Es wurde das Weihnachtslied, angereichert mit kleinen, subkutanen Propaganda-Nadelstichen! Kam aber gegen die altgeliebt christlichen nicht an. Dennoch: Neben der »Hohen Frau« (wie Görings Gattin genannt werden musste) gab's nun auch eine Hohe Nacht. In der freilich nur die Sterne hell leuchten durften – ansonsten war strikte Verdunklung angesagt, schon 1940!

Hohe Nacht der klaren Sterne

Hohe Nacht der klaren Sterne,
die wie weite Brücken stehn
über einer tiefen Ferne,
drüber unsre Herzen gehn.
Hohe Nacht mit großen Feuern,
die auf allen Bergen sind,
heut' muss sich die Erd' erneuern,
wie ein junggeboren Kind.
Mütter, euch sind alle Feuer,
alle Sterne aufgestellt.
Mütter, tief in euren Herzen
schlägt das Herz der weiten Welt.

Hans Baumann

»Das Lied«

Flakhelferinnen des Reichsarbeitsdienstes: Ich tat Dienst am Scheinwerfer, 1944. Ende November verloren wir 70 Kameradinnen mittags bei einem Bombenangriff auf Hannover. Die Kaserne und unsere Unterkünfte wurden zerstört. So verteilte man die Maiden auf umliegende Scheinwerferstellungen. Ich wurde auf dem Deister eingesetzt, dort sollten wir auch das Weihnachtsfest begehen. Weihnachten – gab es das überhaupt noch?

Ich meldete mich am 24. Dezember für die Abendwache. Ich schlug den Mantelkragen hoch, es war kalt, sehr kalt, aber windstill und sternenklar. So machte ich meine Runden.

Die Tannen auf den Hügeln bildeten eine dunkle Mauer um das glitzernde Schneefeld. Hinten am Hang lag die Schlafbaracke. Aus dem kleinen Schornstein stieg dünner Rauch empor. Jemand hatte den eisernen Ofen beheizt, auf dem wir Ziegelsteine wärmten, damit wir im Bett nicht froren. Vor der Tür hatten wir Holz gestapelt, nun lag darauf eine dicke Schneedecke. Alles sah so friedlich aus. Vergangene Weihnachten kamen mir in den Sinn: der erste Teddy, das Puppenhaus, Bratäpfel, Nüsse und der Weihnachtsbaum – Wärme und Geborgenheit.

Später dann Basteln für die Weihnachtsmärkte des Winterhilfswerkes, die Straßensammlungen mit den kleinen begehrten Märchenfiguren und das Singen für die Soldaten im Lazarett.

Nun stand ich hier, ganz allein in der Winternacht auf dem Deister. Unten am Weg in der Wohnbaracke saßen die Kameradinnen und lasen die Briefe ihrer Lieben. Dann hörte ich sie singen, unser Lied: »Hohe Nacht der klaren Sterne«.

Ich blickte nach oben, unzählige Sterne funkelten, und ich sah einen hellen Bogen. War es die Milchstraße? Sie sangen: »die wie weite Brücken stehn«.

Der Brückenbogen begann in der Heimat und endete bei den Soldaten, unseren Kameraden an der Front. Und ich stand staunend – über einer tiefen Ferne, drüber unsere Herzen gehn! Die Gedanken von hüben nach drüben. So empfand ich es damals.

An diesem letzten Weihnachten im Kriege erlebte ich das Lied, das Lied von Hans Baumann.

Weihnachten nach Tod und Schrecken? Ja! Es war für mich das eindrucksvollste und feierlichste von allen. Und immer, wenn wir singen von der »Hohen Nacht", stehe ich wieder im Schnee auf dem Deister und halte Wache.

Mechthild Nagel

Keine Lichter auf den Gräbern!

Die Erfahrung hat gezeigt, dass Lichter auf den Gräbern nach Sonnenuntergang nicht gelöscht wurden, so dass sie die Verdunkelung erheblich gestört haben. Das in der

Verzagte Briefe schreibt man nicht:
Die Front erwartet Zuversicht!

Wenn ihr verärgert durch den Alltag geht
und alles mal in trübem Lichte seht,
wenn Kummer euch umflort und euch das Morgen
verzagt euch macht mit seinen Mühn und Sorgen,

Wenn auch die Träne mal im Auge steht
und euch vor Unmut alle Lust vergeht,
so hütet euch, ihr Mädchen und ihr Frauen,
dies einem Feldpostbrief anzuvertrauen.

Der nächste Tag hat vieles schon bereinigt,
ihr habt mit eurem Dasein euch geeinigt,
habt euch mit eurer Nachbarin vertragen,
jedoch der Brief ist fort mit euren Klagen.

Dem Mann da draußen, der sich drauf gefreut,
bereitet er statt Frohsinn Sorg und Leid.
Was ihr inzwischen längst schon überwunden,
schafft ihm, der hart am Feind steht, dunkle Stunden.

Drum unterlaßt im Frontbrief euer Klagen, beschwert ihn nicht mit Alltagsnot und Zagen
und werft nicht Feldpostbriefe in den Kasten, die auf dem Kämpfenden wie Alpdruck lasten.

Tiefdruck: Dr. Güntz-Druck, Dresden

Weihnachtszeit übliche Anzünden von Lichtern in den Friedhöfen, insbesondere von Christbäumen und Adventskränzen, muss daher überhaupt unterbleiben.

Völkischer Beobachter 21.12.1940

Achtung, Verdunkelung!

Anfang: Samstagabend 17.24 Uhr – Ende: Sonntag früh 9.01 Uhr

Reichsminister Dr. Goebbels zur Volksweihnacht 1940

In den weihnachtlich geschmückten Räumen des Reichsministeriums für Volksaufklärung und Propaganda nahmen am Heiligen Abendnachmittag Reichsminister Dr. Goebbels und seine Gattin für 170 von der NSV betreute Berliner Kinder und eine Anzahl Mütter eine festliche Bescherung vor, in deren Mittelpunkt die über die deutschen Sender verbreitete Ansprache des Ministers zur Volksweihnacht 1940 stand. (...)

Der Minister selbst und seine Frau Magda Goebbels hatten

eine gute Stunde lang alle Hände voll zu tun, um die schon im Voraus für jedes Kind eingeteilten Kisten und Kasten, Tüten und Pakete mit all den herrlichen Sachen den glückstrahlenden Mädeln und Jungen in die Ärmchen zu geben. Eitel Wonne und Glück lag auf den Gesichtern der Kinder, in deren Mitte auch die Töchter des Ministers, Helga und Hilde, fleißig mithelfend erschienen waren.

Omnibusse brachten die Kinder in Begleitung Politischer Leiter zu den Eltern zurück.

Die Feier wurde durch den Großdeutschen Rundfunk übertragen.

Völkischer Beobachter 27.12.1940

»Josef ist bei der Wehrmacht –
Maria im Pflichtjahr«

An der Front, an allen Fronten wuchsen keineswegs immer Tan-
nenbäume, weder in Rommels Wüste noch in Stalingrad (das an
Weihnachten 1942 mit Erfrieren und Verhungern rang), und
im Deutschen Reich verstand man bald unter »Christbäumen«
die nächtliche Markierung durch Leuchtmunition, bevor die
Bomben einschlugen. Alles pervertierte mehr und mehr; selbst die
Spielzeugherstellung wurde als Kriegseinsatz begriffen.
An der Heimatfront begann derweil der Kampf um Lebensmittel
und – wie schon im Ersten Weltkrieg – das Kochen mit »Ersatz«.
Für Weihnachten sparte man sich Fett auf, mästete ein Huhn,
schlachtete den Stallhasen (wenn Vater auf Fronturlaub kam) –
und wenn statt seiner andre Soldaten an die Tür klopften . . .?
Also, was der zwölfjährige Fritz Vincken an Weihnachten 44 er-
lebte, ist schier unglaublich und doch wahr. Die Geschichte wurde
2002 in Kanada unter dem Titel »Silent Night« verfilmt, und
der nach Oregon/USA ausgewanderte Autor Vincken spürte
1996 zwei der ehemaligen US-GI's auf, der dritte war schon ge-
storben. Vincken selbst starb 2001.

Frontbericht. Ukraine, 1943

Es war Ende September 1943, als ich als frisch gebackener Unteroffizier in Marsch gesetzt wurde zum Pionierbataillon 304 in der Ukraine, südwestlich von Dnjepropetrowsk. (...) Obwohl etwa 20 Zentimeter Schnee lagen und nachts minus 20 Grad unterschritten wurden, dachte niemand von uns an das Weihnachtsfest – mit einer Ausnahme: unser Hauptfeldwebel.

Die Ukraine ist vor allem eine Steppenlandschaft, eben mit einigen Bodenwellen. Bäume gab es weit und breit keine. Es war uns also klar, einen Weihnachtsbaum wird es in diesem Jahr nicht geben. Damit war aber unser Hauptfeldwebel nicht einverstanden. Er beauftragte einen erfahrenen und cleveren Pionier, der Mitte November seinen Urlaub antreten sollte, bei der Rückkehr einen Christbaum und Kerzen mitzubringen. Acht Tage vor Weihnachten ging es wie ein Lauffeuer durch die Kompanie: Der Befehl ist ausgeführt. Wir hatten einen Christbaum! (...)

Ohne eine vorherige Absprache war es für die russischen Soldaten selbstverständlich, sich ruhig zu verhalten, wie es wir im Gegenzug am 6. Januar, dem Weihnachten der Orthodoxen, ebenso taten. Ein Tag ohne Krieg, das war ein Geschenk des Himmels. Nach Einbruch der Dunkelheit versammelten sich 75 Pioniere in einem Bauernhaus aus Lehm, wir saßen dicht gedrängt auf Stroh und bewunderten unseren schönen Christbaum. Es dauerte nicht lange und Weihnachtslieder wurden angestimmt. Ich habe nie wieder in meinem Leben gehört, mit welcher Hingabe die alten Weisen gesungen wurden. Nach einer kurzen Ansprache unseres Oberleutnants folgte die Verteilung von Päckchen. (. . .)

Als die Kerzen an unserem Christbaum allmählich erloschen, ging die Weihnachtsfeier zu Ende. Draußen war es sternenklar und wieder so kalt, dass wir unsere Tarnanzüge gut schließen mussten. Der Heilige Abend war wie ein einzelner Stern in der Finsternis. Mitte Januar erfolgte der schon lange erwartete Angriff auf unseren Frontabschnitt. Wir waren total unterlegen und mussten das Feld räumen. Am Abend des Großkampftages waren nur noch dreizehn Pioniere übrig.

Hans Dieter Serno

Spielzeug für den Weihnachtstisch

Im Winterhalbjahr 1941/42 hatte der für Weihnachten verstärkte *Einsatz der HJ-Werkarbeit* reichseinheitlich die Form eines ‚Wettrüstens zum Kriegs-WHW' angenommen. Die Aktion wurde mit 1,5 Millionen Gegenständen zu einem vollen Erfolg. Für 1942 wurde daraufhin von der

Reichsjugendführung ein ganzjähriger Kriegseinsatz angeordnet, der in den Weihnachtsmärkten der Hitler-Jugend mit einem Ergebnis von rund 8,5 Millionen Spielzeugen den Höhepunkt erreichte.

Für *Weihnachten 1943* wurde die Spielzeugwerkarbeit als Kriegseinsatz erneut aufgenommen. Sie ist gegenwärtig in vollem Gange. Zur weiteren Steigerung der Zahl und Güte der Spielzeuge hat der Reichsjugendführer bestimmt, dass jeder Junge und jedes Mädel wenigstens drei sorgfältig ausgearbeitete Spielzeuge für die ‚Weihnachtsmärkte der Hitler-Jugend' abzuliefern habe. Das Ziel ist, jedem deutschen Kind ein Spielzeug als Weihnachtsgeschenk auch im Kriege zu sichern.

Völkischer Beobachter 23.10.1943

Frontbericht. Am Donez, 1941

Die 79. Infanterie-Division hatte schwere Zeiten hinter sich. Der Vormarsch war im November 1941 am Donez zum Stehen gekommen. Ich war damals Melder im Infanterieregiment 208. Der Bataillonsstab lag, zusammen mit der

(MG-)Kompanie, in einem ukrainischen Dorf. Eine feste Front gab es nicht, es war eine Zeit relativer Ruhe, von einigen russischen Reiterspähtrupps und gelegentlichen Überfällen abgesehen. Wir, die Meldestaffel, hatten ein Bauernhaus bezogen. (...) In einem Nebenraum wohnte der Hausbesitzer mit seiner Frau und etlichen kleinen Kindern. Er hatte außerdem noch einen Nachbarn mit Familie aufgenommen, dessen Haus von der MG-Kompanie beschlagnahmt worden war. Stjopan, der Hausherr, war ein Kerl wie ein Bär; er hatte die Aufgabe, am Brunnen Wasser für uns zu holen und für genügend Brennholz zu sorgen, ansonsten konnte er tun und lassen, was er wollte. (...)

Aufgrund meiner nächtlichen Aktivitäten hatte ich tagsüber nur »Innendienst«, ich half also beim Sortieren der Feldpost und der vielen. Meine Hauptbeschäftigung aber war – die Anfertigung von Christbaumschmuck!

Unser Tross hatte für jede Gruppe einen Weihnachtsbaum geliefert, keine Fichten, die wuchsen nicht in unserer Gegend, sondern Kiefern. Wir hatten einen Baum in unserer Stube aufgestellt. Die Kameraden hatten Kerzen gegossen (aus Hindenburglichtern), sie wurden mit Draht am Baum befestigt. Und ich schnitt aus der Pappe von Feldpostpäckchen Figuren aus: Sterne, Herzen, Glocken, Tannenzapfen, sogar Engel! Die wurden bunt bemalt oder mit Stanniol aus Zigarettenschachteln oder mit den Hüllen von Tubenkäse überzogen. Außerdem schnitt ich Stanniol in dünne Streifen (Lametta) und holte aus dem Krankenrevier etwas Watte (Schneeflocken). Wir fanden, dass der geschmückte Baum prächtig aussah.

Am 24. Dezember 1941, am Heiligabend, sangen wir: »Am Weihnachtsbaum die Lichter brennen . . .« und »Oh Tannenbaum . . .«. Aus dem Nebenraum waren Geräusche zu hören. Einer machte die Zwischentür auf, und da standen unsere Hausgenossen, vorne dran die Kinder, dahinter Stjopan und die übrigen. Wir winkten sie herein, Stjopan schob seine »malinki« (Kinder) vor sich her, und dann standen sie vor unserem Lichterbaum, staunend, die Augen glänzten im Kerzenschein. Und wir sangen: »Stille Nacht – heilige Nacht . . .« – »Charascho!« (gut!), flüsterten die Ukrainer – und dann bescherten wir die Kinder: mit Plätzchen und Süßigkeiten aus unseren Feldpostpäckchen. »Spassíba, spassíba«, sagten die Erwachsenen – die Kinder waren einfach nur glücklich. Wir sangen noch »Ihr Kinderlein kommet«, und dann verschwanden unsere Gäste wieder im Nebenraum.

Schon am nächsten Tag wurde unsere Kiefer abgeschmückt und »entsorgt«. Ich nahm den selbstgebastelten Schmuck sorgfältig ab, packte ihn in ein Feldpostpäckchen und schickte ihn nach Hause.

Ich besitze ihn noch heute, und an jedem Weihnachtsfest hänge ich ein Stück davon an den Christbaum und denke dabei an die strahlenden Kinderaugen von damals. Am Donez, am 24. Dezember 1941, mitten im Krieg, war in unserer Stube wirklich Weihnachten gewesen. Es hatte niemand aus dem Lukas-Evangelium vorgelesen, aber beim »Stille Nacht« war uns das Kind in der Krippe ganz nahe, und es war »Friede auf Erden, und den Menschen ein Wohlgefallen«.

Wilhelm Ullius

„Amtliche Bekanntmachung"

„Weihnachten fällt aus"

1) Josef ist bei der Wehrmacht.
2) Maria ist im Pflichtjahr.
3) die 3 Weisen aus dem Morgenlande haben keine Einreisegenehmigung erhalten
4) das Kind ist wegen Fliegergefahr evakuiert
5) der Stern von Bethlehem darf wegen Verdunkelung nicht scheinen.
6) die krippe befindet sich bei der N.S.V.
7) Heu und Stroh sind von der Wehrmacht beschlagnahmt.
8) Im Stall liegt die Flak.
9) Die Hirten sind zum S.H.D. eingezogen.
10) Wegen des Esels läuft es sich nicht (oder) ~~oder wegen~~ der Esel ist bei den Gebirgs-jägern als Tragtier.

»Die Löffelspende«

Rostock

Der 24. war ein Sonntag. So was hatte es ja noch nie gegeben.

»In diesem Jahr ist auch alles verrückt.«
Nach dem Gottesdienst las meine Mutter am runden Tisch, auf dem die Klöppeldecke lag, bei Kerzenschein den Lukas-Text.
». . . dass alle Welt sich schätzen ließe.«
Dabei wischte sie sich Tropfen von der Nase.
Das habe ihr Vater früher auch immer vorgelesen, und denn das endlose Singen, wie sei das immer langweilig gewesen!

Die Verdunklungsrollos hatte man an den Seiten mit Klemmen abgedichtet, damit draußen nicht wieder das grässliche »Licht aus!« geschrien würde.
(O Gott, sind wir das?)
Wir sollten man an all die vielen Soldaten denken, sagte sie und spielte mit dem Topas, der an einer feinen Kette hing, die großen Vorderzähne etwas vorgeschoben, an all die vie-

len Soldaten, die es da draußen im Felde nicht so schön warm hätten wie wir.

Und sie hielt einen Tannenzweig in die Flammen, der knisternd verbrannte, das röche so schön.

Mein Vater griff in die Tasten – beugte sich mal vor und mal zurück und sang mit falscher Stimme
Der Christbaum ist der schönste Baum . . .
alle 7 Strophen.

Ich kuckte von hinten in den Flügel. Mal hob sich hier ein Dämpfer und mal dort. Nie konnte man im Voraus sagen wo.

Und in den Glastüren des Bücherschranks spiegelten sich die Lichter, die meine Mutter hinter dem Vorhang anzündete.

»Habt ihr Wasser hingestellt?«

Auf den 6 Beisetztischen lagen die Geschenke.

»Kuckt erst mal den Baum an, ist er nicht wunderschön?«

Ja, Wasser war hingestellt.

Letztes Jahr sei er spirrig gewesen und vorletztes Jahr wie ein Strunk.

Mein Bruder kriegte einen Volksglobus und den Kalender »Wild und Hund« mit Bildern von Geilfuß (angeschossene Treiber). Ferner eine Schlipsklemme und eine Schachtel Grammophonnadeln.

Auf dem Volksglobus hatte man die Streifen unordentlich aufgeklebt, da passten die Grenzen von Libyen und Ägypten nicht zusammen.

»Siehst du mal«, sagte mein Bruder, »fünf Hände Wasser gibt's auf der Erdkugel und vier Hände Land.« Deutschland sei doch eigentlich verdammt klein.

Ich bekam das Jahrbuch »Durch die Weite Welt«, mit Gripsmassage auf der letzten Seite:
Gaius Julius Cäsar aß lieber Austern
und Neunaugen als Kohl und Kuh-Käs'.
Eine Kuckucksuhr zum Selbstzusammenbauen und einen Steckkalender.
Vater rauchte eine gute Zigarre und blätterte in einem Buch mit Schiffsbildern. Und Mutter, was hatte die gekriegt?
»Ich wünsch' mir eure Liebe«, hatte sie wieder einmal gesagt. Und: »Vati kann nicht schenken, noch nie hat er mir was geschenkt, noch nicht ein einziges Mal.« Sie habe ja alles, sage er denn.
Wir sollten ihn mal von der Seite ansehen, ob wir nicht auch meinten, dass in seiner Familie irgendwann mal ein Jüdlein durchgegangen sei?
»Diese Nase! Und nun legt er noch die Ohren an, dies Pastür, wie'n Pferd, das beißen will.« (. . .)
Später traten wir auf den Balkon und sahen in die Nacht hinaus.

Die Verdunklung habe auch ihr Gutes, da oben der Große Bär und hinten das Siebengestirn.

(»Mal eben still, ob wir Krauses singen hören!«)

»Hätte es nun nicht schneien können?« sagte meine Mutter.

»Weiße Weihnacht, so wie vor'ges Jahr . . .«

»Kinder, kommt 'rein, ihr holt euch noch den Tod.«

»Ja«, sagte mein Vater, »wohl dem, der jetzt 'ne Heimat hat.«

Im Jahr drauf:

Zu Hause wurden die Lichter angezündet.

Ich im dänischen Anzug, dem mit dem breiten Revers, mein Bruder in einem gestreiften, dessen Jackett ein wenig zu kurz war. Meine Mutter las den Lukas, spielte dabei mit ihrem Topas, das mit blauer Spitze umhäkelte Taschentuch schon in Bereitschaft. Gleich würden Tränen rollen, wie jedesmal zu dieser Stunde.

Erstaunlich, was da wieder an Geschenken zusammengekommen war. Wo kam das bloß alles her? Kreuzer Köln und Kreuzer Leipzig. »Durch die Weite Welt« Band sowieso. Notizblöcke, Brieföffner. Und unten drunter, erst auf den zweiten Blick, ein Mikroskop. Haare bekucken und Salzkristalle. Schade, dass man jetzt keinen Floh hatte.

Braune Kekse und für jeden eine Apfelsine auf Abschnitt III.

»Du hast früher immer weiße Pfeffernüsse gebacken, die waren so schnell alle, dass es bloß so geraucht hat«, sagte mein Bruder. Der freute sich über »Night and Day« von Svend Asmussen.

»Ja, mein Jung'«, sagte meine Mutter. Dafür könne sie nicht. Die kosteten so viel Fett. Vati hätte ja auch gut ein bisschen mehr schicken können. (. . .)

»Kinder, wir machen jetzt aus«, sagte meine Mutter, »dann können wir morgen noch mal anmachen.«

Ulla drückte sich von hinten an mich heran und schob mir eine Zigarette in den Mund. Auf die Idee, mal was zu rauchen, war ich noch nie gekommen.

Und noch ein Jahr später:

Kartoffeln hatten wir reichlich, 4 Zentner, und immer kam noch was dazu. Nun war es bald genug. Aber: Wer weiß, wozu es gut ist?

Bei Fredersdorf & Baade stand das Foto einer Frau im Schaufenster:

Ich bin ein Volksschädling, ich habe in meinem Keller das und das und das gehamstert und nun komme ich ins KZ dafür.

»Bei uns dürfen sie nicht kucken!« 1 Zentner in Erde eingeschlagene Mohrrüben, 20 Glas Brechbohnen, Sellerie, einen Kopfkissenbezug voll getrockneter Erbsen, den Blechkasten »Petit beurres« mit Linsen und ein Fass Sauerkraut. Lieber von allem einen Vorrat haben, man konnte ja nie wissen. Wenn Vater wiederkam: Der aß ja wie ein Scheunendrescher und Robert auch nicht knapp.

Hin und wieder gab es Buttermilch, daraus machte meine Mutter Quark. Buttermilchquark mit Sirup. Oder Buttermilchquark mit dünn Marmelade.
Oder einfach mit Salz.
Das Salz war noch am knappsten, nirgends was zu bekommen: Transportschwierigkeiten. – Daran hatte man ja nun nicht gedacht. Wer hätte das ahnen sollen. Salz hatte es doch immer gegeben, und ohne Marken.

Eine weitere Ergänzung kam aus Hamburg. Ein Onkel schickte Papptonnen mit Eispulver. Daraus konnte man Vanille-Suppe kochen. Wenn man jedoch zu viel davon aß, bekam man Sodbrennen, dass es schäumte.

Das Gas ging nur an bestimmten Stunden und hatte wenig Druck. Immer eine Heidenangst, dass es für die Suppe nicht reichte. Schon morgens früh um 6 aufgestanden. Und dann in die Kochkiste getan, da hielt sie sich bis abends warm.

Walter Kempowski

Rezepte

1943/44: Der MILEI-Aufklärungsdienst wünscht FROHES FEST und festliches Gebäck mit Milei

Knuspriges Feingebäck und köstliche Kuchen wandern bald aus dem wärmestrahlenden Ofen unter den Weihnachtsbaum und ins Feldpostpäcklein, um Ihren Lieben daheim und in der Ferne festliche Freude zu bereiten.

Wie das Gebäck schmecken wird? Einfach wunderbar! Denn beim Backen erweist sich Milei als tüchtiger Helfer. Milei, der natürliche Ei-Austauschstoff aus gesunder Milch, spart Ihnen Eier. Der Backteig wird feinporig, locker und milch-aromatisch. Das Gebäck bekommt ein freundliches, braunes Gesicht. Das bewährte Milei hilft Ihnen immer durch seine guten Backeigenschaften Das zeigen die nachstehenden Milei-Rezepte.

MILEI aus dem Kraftquell Milch

Haferkeks

Zutaten: 25 g Margarine, 100 g Zucker, 1 gehäufter Esslöffel Milei G mit 4 Esslöffel Milch aufgelöst, 100 g Mehl, 100 g Hafermark oder fein gewiegte Haferflocken, 50 g Stärkemehl, 1 halbes Päckchen Backpulver, 1 Päckchen Vanillinzucker oder geriebene Zitronenschale.

Fett, Zucker und aufgelöstes Milei-Gelb schaumig rühren, die übrigen Zutaten beifügen und leicht auf dem Backbrett zusammenkneten. Den Teigkloß etwas ruhen lassen, auswellen, mit dem Reibeisen ein Muster aufdrücken, Keks ausstechen, in Mittelhitze hellbraun backen.

Honigkuchen in Kastenform
Zutaten: 250 g Kunsthonig, 80 g Zucker, 1 Päckchen Kuchengewürz-Aroma, 2 gehäufte Esslöffel Milei G, 1 Achtelliter Milch, 150 g geriebene Gelbe Rüben, wenn vorhanden 50 g geriebene Nüsse oder Mandeln, 400 g Mehl, 1 Päckchen Backpulver.

Kunsthonig zergehen lassen, Zucker und Gewürze hineingeben und miteinander kurz aufkochen, zur Seite stellen. Nach etwa 10 Minuten das mit der Milch aufgelöste Milei-Gelb, die Gelben Rüben und Mandeln dazugeben. Dann das mit dem Backpulver vermischte Mehl hineinsieben, den Teig gut durchrühren, in eine gefettete Kastenform geben und vor dem Backen 1/2 Stunde stehenlassen. Bei mittlerer Hitze 1 Stunde backen. Der Kuchen hält sich in einer Blechkapsel lange frisch und ist für das Feldpostpäckchen sehr geeignet.

Die Löffelspende

Aufgrund einer sogenannten Löffelspende, bei der jede Familie nur einen Löffel Backmaterial zu schenken brauchte, konnten 900 schöne, große Oblatenlebkuchen mit dem Spritzguss ‚Oberammergau' gebacken werden. Jeder der großen Lebkuchen wurde einzeln weihnachtlich verpackt und ihm ein Brieflein der Oberammergauer Schulkinder an einen verwundeten Soldaten beigelegt.

Völkischer Beobachter 22.12.1942

Zwischenfall im Hürtgenwald

Am Heiligen Abend 1944, mitten in der Ardennenschlacht, hatten Mutter und ich unerwartete Gäste. Als es an die Tür klopfte, ahnten wir nichts von dem Wunder, das wir erleben sollten.

Ich war damals zwölf, und wir lebten in einem kleinen Häuschen in den Ardennen, nahe der deutsch-belgischen Grenze. Vater hatte es vor dem Krieg benützt, wenn er auf die Jagd ging; und als Aachen immer stärker unter Luftangriffen zu leiden hatte, schickte er uns dorthin. »In den Wäldern seid ihr sicher«, hatte er zu mir gesagt.

Aber vor einer Woche hatte Generalfeldmarschall von

Rundstedt mit der letzten Offensive dieses Krieges begonnen, und wir hörten unablässig das Wummern der Geschütze, über unseren Köpfen die Flugzeuge, und nachts durchbrachen Scheinwerfer die Finsternis. Ganz in der Nähe kämpften und starben Tausende von deutschen und alliierten Soldaten.

Als es klopfte, blies Mutter rasch die Kerzen aus. Dann ging sie zur Tür und stieß sie auf. Draußen standen, vor dem gespenstischen Hintergrund verschneiter Bäume, zwei Männer mit Stahlhelmen. Der eine redete Mutter in einer Sprache an, die wir nicht verstanden, und zeigte dabei auf einen dritten, der im Schnee lag. Sie begriff schneller als ich, dass es sich um Amerikaner handelte. Feinde!

Mutter stand, die Hand auf meiner Schulter, schweigend da, unfähig, sich zu bewegen. Die Männer waren bewaffnet, aber sie rührten sich nicht und baten nur mit den Augen. Der Verwundete schien mehr tot als lebendig. »Kommt rein«, sagte Mutter. Die Soldaten trugen ihren Kameraden ins Haus und legten ihn auf mein Bett.

Keiner von ihnen sprach Deutsch. Mutter versuchte es mit Französisch, was einer der Männer einigermaßen verstand. Bevor Mutter sich des Verwundeten annahm, sagte sie zu mir: »Die Finger der beiden sind ganz steif. Zieh ihnen Jacken und Stiefel aus und bring einen Eimer Schnee.« Kurz darauf rieb ich ihnen die blaugefrorenen Füße mit Schnee ab.

Der Untersetzte hieß Jim. Sein Freund, groß und schlank, war Robin. Harry, der Verwundete, schlief jetzt auf meinem Bett, mit einem Gesicht so weiß wie draußen der Schnee. Sie hatten ihre Einheit verloren und irrten seit drei Tagen im Wald umher, auf der Suche nach den Amerikanern, auf der Hut vor den Deutschen. Sie waren unrasiert, sahen aber, ohne ihre schweren Mäntel, trotzdem aus wie große Jungen. Und so behandelte Mutter sie auch. »Geh, hol Hermann«, sagte sie zu mir, »und bring Kartoffeln mit.«

Hermann war ein fetter Hahn, den wir seit Wochen mästeten, in der Hoffnung, Vater werde Weihnachten zu Hause sein. Und als uns vor einigen Stunden klargeworden war, dass er nicht kommen würde, hatte Mutter gemeint, Hermann solle noch ein paar Tage am Leben bleiben, für den Fall, dass Vater zu Neujahr käme. Nun sollte Hermann jetzt gleich seine Aufgabe erfüllen!

Während Jim und ich in der Küche halfen, kümmerte sich Robin um Harry, der einen Schuss in den Oberschenkel abbekommen hatte und fast verblutet war. Bald zog der verlockende Duft von gebratenem Hahn durch das Zimmer. Ich deckte gerade den Tisch, als es wieder klopfte. In der Erwartung, weitere verirrte Amerikaner zu sehen, öffnete ich ohne Zögern. Draußen standen vier Männer in Uniformen, die mir nach fünf Jahren Krieg wohlvertraut waren: deutsche Soldaten – unsere! Trotz meiner Jugend kannte ich das Gesetz: Wer feindliche Soldaten beherbergt, begeht Landesverrat. Wir konnten alle erschossen werden! Mutters Gesicht war weiß, aber sie trat hinaus und sagte ruhig: »Fröhliche Weihnacht!« Die Soldaten wünschten ihr ebenfalls eine frohe Weihnacht. »Wir haben unsere Einheit verloren und möchten gern bis Tagesanbruch warten«, erklärte der Anführer, ein Unteroffizier. »Können wir bei Ihnen bleiben?«

»Natürlich«, erwiderte Mutter mit der Ruhe der Verzweiflung, »Sie können auch eine gute, warme Mahlzeit haben und essen, solange etwas da ist.«

Die Soldaten lächelten, vergnügt den Duft schnuppernd. »Aber«, fuhr Mutter energisch fort, »wir haben noch drei Gäste hier, die Sie vielleicht nicht als Freunde ansehen werden.« Ihre Stimme war mit einemmal ganz streng: »Heute ist Heiliger Abend, und da wird nicht geschossen.«

»Wer ist drin?«, fragte der Unteroffizier barsch. »Amerikaner?« Mutter sah jedem Einzelnen in das frosterstarrte Gesicht. »Hört mal«, sagte sie langsam, »ihr könntet meine Söhne sein, und die da drin auch. Einer von ihnen ist verwundet und ringt um sein Leben. Und seine beiden Kameraden: verirrt und hungrig und müde wie ihr. In dieser Nacht«, sie sprach jetzt zu dem Unteroffizier und hob die Stimme, »in dieser Heiligen Nacht denken wir nicht an Töten!«

Der Unteroffizier starrte sie an. Für zwei, drei endlose Sekunden herrschte Schweigen. Dann machte Mutter der

Ungewissheit ein Ende. »Genug geredet!«, sagte sie und klatschte in die Hände, »legen Sie Ihre Waffen dorthin – und machen Sie schnell, sonst essen die anderen alles auf.« Die vier Soldaten legten ihre Waffen auf die Kiste mit Feuerholz: zwei Pistolen, drei Karabiner, ein leichtes MG und zwei Panzerfäuste. Mutter sprach indessen hastig mit Jim auf Französisch, und ich sah verwundert, wie auch die Amerikaner Mutter ihre Waffen gaben.

Als nun die Deutschen und die Amerikaner Schulter an Schulter verlegen in der kleinen Stube standen, war Mutter in ihrem Element. Lächelnd suchte sie für jeden einen Sitzplatz. Wir hatten nur drei Stühle, aber Mutters Bett war groß. Dorthin setzte sie zwei der Deutschen neben Jim und Robin.

Dann machte sie sich, ohne von der gespannten Atmosphäre Notiz zu nehmen, wieder ans Kochen. Aber Hermann wurde ja nun nicht mehr größer, und wir hatten vier Esser mehr. »Rasch«, flüsterte sie mir zu, »hol noch ein paar Kartoffeln und etwas Haferflocken. Die Jungen haben Hunger, und wenn einem der Magen knurrt, ist man reizbar.«

Als ich zurückkam, hatte einer der Deutschen eine Brille aufgesetzt und beugte sich über die Wunde des Amerikaners. »Sind Sie Sanitäter?«, fragte Mutter. »Nein«, erwiderte er, »aber ich habe bis vor wenigen Monaten in Heidelberg Medizin studiert.« Dann erklärte er den Amerikanern auf Englisch, Harrys Wunde sei dank der Kälte nicht infiziert. »Er hat nur sehr viel Blut verloren«, sagte er zu Mutter, »er braucht jetzt einfach Ruhe und kräftiges Essen.«

Der Druck begann zu weichen. Selbst mir kamen die Soldaten, als sie so nebeneinander saßen, alle noch sehr jung vor. Heinz und Willi, beide aus Köln, waren sechzehn. Der Unteroffizier war mit seinen dreiundzwanzig der Älteste. Er brachte aus seinem Brotbeutel eine Flasche Rotwein zum Vorschein, und Heinz fand einen Laib Schwarzbrot, den Mutter in Scheiben schnitt. Von dem Wein aber stellte sie einen Rest beiseite, »für den Verwundeten«.

Dann sprach Mutter das Tischgebet. Ich sah, dass sie Tränen in den Augen hatte, als sie die vertrauten Worte sprach: »Komm, Herr Jesus, sei unser Gast . . .«. Und als ich mich in der Tischrunde umsah, waren auch die Augen der kriegsmüden Soldaten feucht. Sie waren wieder Buben, die einen aus Amerika, die anderen aus Deutschland, alle fern von zu Haus.

Gegen Mitternacht ging Mutter zur Tür und forderte uns auf, mitzukommen und den Stern von Bethlehem anzusehen. Bis auf Harry, der friedlich schlief, standen wir alle neben ihr, und für jeden war in diesem Augenblick der Stille und im Anblick des Sirius, des hellsten Sterns am Himmel, der Krieg sehr fern und fast vergessen.

Unser privater Waffenstillstand hielt auch am nächsten Morgen an. Harry erwachte, verschlafen brummelnd, in den letzten Nachtstunden, und Mutter flößte ihm etwas

Brühe ein. Bei Tagesanbruch war er dann sichtlich kräftiger. Mutter quirlte ihm aus unserem einzigen Ei, dem Rest Rotwein und etwas Zucker einen stärkenden Trank. Wir anderen aßen Haferflocken. Dann wurde aus zwei Stöcken und Mutters Tischtuch eine Tragbahre für Harry gebaut.

Der Unteroffizier zeigte den Amerikanern, über Jims Karte gebeugt, wie sie zu ihrer Truppe zurückfinden konnten; er legte den Finger auf einen Bach: „Da geht ihr lang«, sagte er, »am Oberlauf trefft ihr auf die 1. Armee, die sich dort neu formiert.« Der Mediziner übersetzte alles ins Englische.

Mutter gab nun allen ihre Waffen zurück. »Seid vorsichtig, Jungens«, sagte sie. »Ich wünsche mir, dass ihr eines Tages dahin zurückkehrt, wo ihr hingehört, nach Hause. Gott beschütze euch alle!« Die Deutschen und die Amerikaner gaben einander die Hand, und wir sahen ihnen nach, bis sie in entgegengesetzter Richtung verschwunden waren.

Als ich wieder ins Haus trat, hatte Mutter die alte Familienbibel hervorgeholt. Ich sah ihr über die Schulter. Das Buch war bei der Weihnachtsgeschichte aufgeschlagen, bei dem Bericht von der Geburt in der Krippe und den drei Weisen, die von weit her kamen, um ihre Geschenke darzubringen. Ihr Finger glitt über die Zeile: ». . . und sie zogen über einen anderen Weg wieder in ihr Land.«

Fritz Vincken

»Und hüteten des Nachts
ihre Herde«

»Es geht alles vorüber, es geht alles vorbei; auf jeden Dezember
folgt wieder ein Mai«, sang Lale Andersen (doch im Gegensatz
zu »ihrer« verbotenen »Lili Marleen« galt dies als Durchhalte-
lied und wurde drum auch auf italienisch, kroatisch und hollän-
disch gesungen); rasch entstanden daher Parodien, die stets die
zweite Refrainzeile verjuxten: »Es geht alles vorüber, es geht al-
les vorbei – zuerst Adolf Hitler, dann seine Partei« oder »... im
Herbst geht der Führer, und im Mai die Partei«, oder: »... im
Monat Dezember gibt's wieder ein Ei« – und auch, böser noch:
»... mein Mann ist in Russland, ein Bett ist noch frei«.
Doch als endlich alles vorbei war, war noch längst nicht alles vo-
rüber. Zuhaus fing nun die Not erst richtig an, Obdachlosigkeit,
Hunger, Angst vor den Russen, Kampf ums tägliche Dasein. Und
die Frontschweine? Ein großer Teil geriet in Gefangenschaft.
Wenn sie »Glück« hatten, bei den drei Westmächten.
Elisabeth Castoniers Erzählung spielt unter Gefangnen, die
schon zuvor den Engländern in die Hände geraten und »auf der
Insel« als Arbeiter interniert waren. Castonier, 1894 in Dresden
geboren, hatte Romane und Theaterstücke in Deutschland ge-
schrieben, die 1933 der Bücherverbrennung verfielen, worauf sie
über Wien nach England emigrierte, sich dort 1940 als Landar-
beiterin verdingte und zehn Jahre blieb.

Die Toten, die Vermissten, die Gefangenen (auf nicht absehbare Zeit) waren das eine – das neue Leben in Ruinen und das Gebären neuen Lebens das andre. Und das Wiedereingliedern der Flüchtlinge. Der damals noch ganz erfolglose irische Dichter Samuel Beckett (Nobelpreis 1969), der während des Dritten Reichs ein halbes Jahr durch Deutschland gereist war, angewidert von den Nazis, begeistert von der Kunst der Expressionisten und der deutschen Romantik, hatte sich 1937 endgültig in Frankreich niedergelassen, wo er sich dann der Résistance anschloss. Er sprach fließend deutsch. Nach der Kapitulation stellte er sich einem Lazarett des Irischen Roten Kreuzes in der Normandie zur Verfügung, auch als Dolmetscher. Danach kehrte er zurück nach Paris. Weder erwähnte er später je seine Mitarbeit im Widerstand noch diese ihm selbstverständliche Hilfe.

Aus der Chronik

Der 24. Dez. 1948 – Nach Angaben des Internationalen Roten Kreuzes befinden sich in Frankreich und Nordafrika noch 24 000 deutsche Kriegsgefangene, in Polen noch 40 000, in Albanien etwa 1000. Der Zeitung Neues Deutschland zufolge dienen mindestens 40 000 ehemalige deutsche Soldaten als Fremdenlegionäre in Indochina. Nach Angaben des Vorsitzenden der SED, Otto Grotewohl, sind noch etwa 300 000 Kriegsgefangene in der Sowjetunion. Das Bayerische Rote Kreuz erklärt dagegen, die Zahl der Kriegsgefangenen und Vermissten in der Sowjetunion belaufe sich auf mindestens 1,5 Millionen.

☆

In amerikanischer Gefangenschaft

Wenn ich mich recht erinnere, wich der 24. Dezember 1945 nicht wesentlich vom sonstigen Alltag ab. Es herrschte die in dieser Jahreszeit in Nordfrankreich übliche nasskalte Witterung. Straßen und Häuser waren noch von der kriegsbedingten Vernachlässigung gezeichnet. Unsere Gefangenen-Weihnachtsstimmung war genauso grau wie der Alltag. (…)
Immerhin gab es über das übliche Brot- und Suppengericht hinaus aus dem besonderen Anlass des Heiligen Abends für je hundert (!) Mann eine Tafel Schokolade. Es war eine Heeresration zu etwa 150 Gramm, in tropenfestem Wachskarton verpackt, mit der mir unvergesslich sinnigen Aufschrift: »Caution! Moscito Bites Cause Malaria« (Vorsicht! Moskitostiche verursachen Malaria). Doch musste jetzt noch das Problem gelöst werden, wie die auf jeden Mann entfallenden 1,5 Gramm aufgeteilt werden könnten. Nichts einfacher als das. Gefangene sind unglaublich findig, wenn es sich um das eigene Wohlergehen handelt. Ein Apotheker

unter uns bastelte mittels einiger Fäden, einiger Hölzchen und etwas Konservendosenblechs eine Art Apothekerwaage zusammen. Eine Rasierklinge vervollständigte das Präzisionswerkzeug. Unter den wachsamen Augen einer großen Zuschauerschaft schabte unser Apotheker tatsächlich ziemlich genau Portionen von 1,5 Gramm von dem harten Schokoladenriegel. Immerhin war das der Anfang von Besserem. Im Ganzen war damit das Weihnachtsfest gar nicht so schlecht verlaufen.

Eugen Stamm

Internationale Weihnachtsfeier

Wir hatten wieder einige Kriegsgefangene eingeladen, diesmal den ersten Weihnachtsabend im Frieden bei uns zu verbringen – ihren letzten Weihnachtsabend auf der Insel.
Es kamen Italiener, Deutsche und ein Österreicher, der immer »Küss die Hand« sagte, was Jane überflüssig fand. Der eine Italiener trug seinen Namen zu Recht, er hieß Fiori und liebte es, schöne Blumensträuße zu binden.
Die Italiener hatten gebeten, uns ihr Nationalgericht kochen zu dürfen: Minestrone und natürlich Spaghetti. Die Deutschen und der Österreicher übernahmen die germani-

sche Kost: Gansbraten, Sauerkraut und Kartoffeln. Christian Kühl, ein Kleinbauer aus Holstein, den wir »Vater« nannten, weil er uns so umsorgte, wurde mit der Überwachung des Banketts betraut.

Jane hatte Bier, Wein und Most gestiftet und einen Weihnachtspudding, der traditionsgemäß vier Stunden langsam kochen musste. Er fand jedoch später keinen Anklang, und ich hörte Franz aus Sachsen leise zu Christian aus Holstein sagen: »Sieht aus wie getrockneter Kuhdreck, was?«

Die Italiener hatten Portionen gekocht, als handle es sich um die Speisung von mindestens zwanzig Gästen. Sie hatten alles verbraucht, was wir gekauft hatten, und sich dann noch mehr aus der Speisekammer geholt. Und sie waren alle unendlich erregt, schrieen, lachten, zankten sich, und Jane sagte wie so oft: »Oh, these continentals!«

Zuerst wurden die italienischen Gerichte aufgetischt. Minestrone in der großen, golden leuchtenden Kupferpfanne, die sonst nur zum Einmachen benützt wurde, zwei Suppenterrinen voll Spaghetti, eine Blumenvase mit Tomatensauce, eine Gemüseschüssel geriebener Käse.

Der Küchentisch war ausgezogen und von Jane besonders schön mit Tannenzweigen, Lametta, Bändern und Goldhaar geschmückt worden. Für jeden Gast gab es ein Geschenk.

Wir waren sehr hungrig, als wir uns später als sonst zum Essen setzen konnten.

Und mit einem Mal waren Kupferpfanne, Suppenterrine, Blumenvase und Gemüseschüssel leer, und wir saßen wie die vollgefressenen Gestalten auf Breughels »Schlaraffenland« da. Franz aus Sachsen bemerkte zutreffend, wenn auch nicht gewählt: »Und wenn wir jetzt noch die Gans runterdrücken müssen, platzt uns der Bauch, und es gibt einen Knall – Mensch – so!«, und knallte laut.

Aber Vater Christian, stets um aller Wohl besorgt, als handle es sich um seine sechs unmündigen Kinder, meinte, vielleicht wäre ein kleiner Spaziergang ratsam: »Damit sich alles so gewissermaßen etwas setzen kann.« Der Vorschlag wurde angenommen, und zum Erstaunen von Pollykeye (dem Papagei), der schreiend, tanzend und singend unser Fest beobachtet hatte, und zur Verblüffung der Katzen, die erwartungsvoll versammelt waren und auf Gänseknochen warteten, wurde die Küche menschenleer. Nur Suzy, das Schaf, schlief unbekümmert weiter unter dem Tisch.

Langsam gingen wir den Weg entlang, über den Hof, bis zur Steinbrücke, unter der unsere Schwäne schliefen, und der Österreicher meinte in seiner überhöflichen Art: »Also, bittschön, wenn es den Herrschaften jetzt recht ist, ich denk mir, das Gansl dürft jetzt fertig sein, und bis ich die Sauce angerichtet hab, vergeht auch noch ein bisserl Zeit.«

Und so gingen wir wieder in die Küche zurück, wo uns ein Schnurrchor begrüßte. Nur Suzy rührte sich nicht, aber es schafelte ein wenig.

Die Gans war eine Riesin, dazu gab es Berge von Kraut und Kartoffeln, gebratene Äpfel, Johannisbeergelee. Unsere Gesichter wurden rot und glänzend, wir redeten wenig und etwas atemlos.

Die Katzen erhielten endlich das Gansskelett, Bimbo wurde mit einer Extraportion Fleisch und Knochen beschenkt, die unsere Gäste mitgebracht hatten, Pollykeye bekam wie stets ein paar Rosinen und schrie abwechselnd: »Hm – hm – hai-loh –«

Als Jane jedoch den Weihnachtspudding auf den Tisch stellte, der uralter Sitte gemäß von blau flackernden Branntweinflämmchen umgeben war, blickten unsere Gäste bloß lethargisch vor sich hin. Niemand wagte es, das braune Ungetüm abzulehnen, zu dem Rumbutter serviert wurde. Aber alle sagten leise:

»Bitte nur ganz wenig, danke, oh, das ist schon viel zu viel«, denn der englische Weihnachtspudding ist nicht nur eine schwere Aufgabe für einen gesunden Magen, sondern auch eine Beleidigung für anständige Zungen.

Als jedoch Fiori mit graziösen Bewegungen seine Torte herumreichte, war der allgemeine Appetit wieder da.

Dann wurden die Gläser mit Wein vollgeschenkt, Jane erhob sich und hielt den traditionellen Toast, kurz und bündig: »Auf das Wohl des Königs.« Dann: »Auf unsere abwesenden Freunde.«

Wir stießen an, der Österreicher räusperte sich und meinte bescheiden:

»Und bittschön, darauf, dass es Frieden bleibt und wir bald heimkehren dürfen.«

Suzy, die bisher ruhig unter dem Tisch geschlafen hatte, erwachte, stand auf, rief kläglich »mäh« – dann ertönte ein verdächtiges Geräusch.

Es war eine schöne, friedliche Feier im ersten Friedenswinter.

Wir hatten alle zu viel gegessen und getrunken.

Aber wie Vater Christian so richtig sagte: »Wer weiß, was nächstes Jahr los ist – was man hat, hat man.«

Elisabeth Castonier

Samuel Beckett, Weihnachten 1945

Als der Winter einsetzte, lief der Krankenhausbetrieb in St. Lô schon routinemäßig, und es erreichten Beckett weniger dringliche Anfragen. Darüber freute er sich, bedeutete dies doch, dass er kein schlechtes Gewissen zu haben brauchte, seinen Posten verlassen zu haben.

Er reichte seine Kündigung ein, die im Januar 1946 wirksam wurde, aber zuvor musste er noch eine letzte Aufgabe übernehmen. Oberin Mary Crowley sollte in den frühen Morgenstunden des Weihnachtstages im Hafen von Dieppe eintreffen, und zwar an Bord eines umgebauten Küstenmotorschiffs, das jetzt als Rettungsschiff fungierte. Beckett wurde gebeten, sie abzuholen.

Das Schiff machte mitten in einem schweren Sturm fest, in dessen Verlauf in Nordfrankreich meterhoch Schnee fiel. Beckett war mit einem Rotkreuz-Jeep von Paris aus durch den Sturm gefahren und wollte die dreihundert Kilometer bis St. Lô zusammen mit der Oberin im Morgengrauen des Weihnachtstages bewältigen. Sie konnten sich nur wenig unterhalten, denn er musste sich aufs Fahren konzentrieren. So pflügten sie durch den Schnee, wobei es Bombentrichtern und liegengebliebenen Fahrzeugen auszuweichen galt. Viele Brücken waren gesprengt, was sie zu großen Umwegen durch ausgedehnte Minenfelder zwang.

Beckett fuhr unermüdlich weiter und nach zehn Stunden trafen sie in St. Lô ein, gerade noch rechtzeitig zur Mitternachtsmesse. Der Schnee, der in die ausgebombte und dachlose Kathedrale gefallen war, war hart gefroren und schimmerte auf dem Boden wie weiße Seide. Die Wolken hatten sich verzogen, und am Himmel blinkten die Sterne. Links und rechts der Gläubigen waren an den stehengebliebenen Wänden Minen aufgestapelt. Von drei sehr alten Männern auf der Geige begleitet, sang die Gemeinde inbrünstig Weihnachtslieder. Der einzige unversehrte Teil der Kathedrale war der der Heiligen Jungfrau geweihte Altar; die Bewohner der Stadt hatten genügend Kerzen zusammengebracht, um ihn hell zu erleuchten. Am Rand des Kerzengeflackers waberten im gespenstischen Halbdunkel die Ruinen. Steif stand Beckett da, während Oberin Crowley niederkniete und betete. Sie spürte seine Verlegenheit und ersparte ihm nach der Messe alle Dankesworte. Er brachte sie von der Kathedrale direkt zum Lazarett und ließ sich dort selbst ein Bett zuweisen, um wenigstens ein paar Stunden zu schlafen. Der Oberin erzählte er, er müsse am nächsten Morgen vor Tagesanbruch zurück nach Paris. Doch damit war St. Lô für Beckett noch nicht erledigt. Oberin Crowley wurden sämtliche Schwestern aller Stationen unterstellt. Deutsche Kriegsgefangene arbeiteten im Krankenhaus, in dem zugleich ihre kranken Landsleute als Patienten lagen. Sogar das Militär schickte Patienten. Franzosen, Engländer und Amerikaner hatten selbst Lazarette errichtet, doch viele ihrer Patienten wurden an die Iren überwiesen. Das größte Problem waren die Entbindungs- und die Säuglingsstation, die besonders von Ratten und anderem Ungeziefer heimgesucht wurden, von denen die in Trümmern liegende Stadt wimmelte. Es war gänzlich unmöglich, Vernichtungsmittel, welcher Art auch immer, aufzutreiben. Beckett erreichte in Paris ein dringlicher Anruf, ob er nicht etwas auftreiben könne. Er wandte sich an Freunde in der Pathologie des Curie-Hospitals und erhielt eine Lösung, mit der man Maiskolben tränkte, die dann auf den Stationen ausgelegt wurden, wo die Ratten sie fraßen, um fortzukriechen und zu verenden.

Das war der letzte Dienst, den man ihm abforderte, ehe seine Kündigung wirksam wurde. Irgendwie ein würdiger Abgang – das neue Jahr hatte mit einem Triumph begonnen: neues Leben obsiegte über Pest und Tod. Beckett eilte zurück nach Paris. Ratten umzubringen war sein letzter persönlicher Beitrag zum Krieg.

Deirdre Bair

Geboren am 24. Dezember 1945

In jener kalten, dunklen Nacht. In Vicovice. Polanka. Rosnova. Nemece. Oder einer anderer tschechischen Stadt. Wer weiß heute noch den Namen? Das ist lange her.

Aber da war ein Kind. Das ist dort geboren. In seinem Pass muss der Name jener tschechischen Stadt stehen, die es nie gesehen hat. Wo ist dieses Kind geblieben, dessen Mutter gestorben ist, bevor man erfahren hat, woher sie kam. Ein Kind, ein neugeborenes Kind in einem tschechischen Lazarett, zwischen Sterbenden, Schwerverwundeten, Verzweifelten, Hoffenden und: tschechischer Miliz. In Hunger, in

Kälte, ein neugeborenes Kind, in jenem ersten Winter, in dem der Krieg zu Ende war. War er wirklich zu Ende? Und dann starb die Mutter, von der niemand etwas wusste, nur dass sie Maria hieß. Viele Frauen im Osten heißen Maria. Eine junge Mutter, fast noch ein Mädchen, sie hat dort ihr erstes Kind geboren, einen Sohn, und weil es der vierundzwanzigste Dezember war, hatte man ihm den Namen Christian gegeben. Aber nicht nur deshalb. Dieses Kind, von dem niemand je wieder gehört hat, ist für eine Stunde das Kind in der Krippe gewesen, das Heil der Welt.

Von jener Weihnachtsnacht in Vicovice, Rosnova, Nemece erzählen die Männer, die dabeigewesen sind, manchmal ihren Frauen. Jener, der damals ein Hirte war und heute ein Pfarrer ist, erzählt, wenn er in der Heiligen Nacht seine Ansprache hält, seiner Gemeinde von diesem Kind; und auch der, der nur die Beine des Schafes festgehalten hat, erzählt davon, damals war er Sanitäter, und an jenem Abend war auch er ein Hirte; alle, die noch am Leben sind, es sind nicht mehr viele, suchen insgeheim noch immer nach diesem Kind. In seinem Pass muss der Name jener tschechischen Stadt stehen und das Datum des vierundzwanzigsten Dezember Neunzehnhundertfünfundvierzig.

Wenn er noch lebt – sagen sie dann nachdenklich zu ihren Frauen, wenn er noch am Leben ist –, was ist aus ihm geworden? Er hat doch eine Stunde in der Krippe gelegen, verstehst du? Und was ist aus den anderen geworden; dem,

der den Hammel festgehalten hat, er war Sanitäter, er
konnte Tschechisch, er stand sich gut mit denen. Dieses
Tier zwischen uns, das war wichtig, daran erkannte man
nämlich, dass wir Hirten waren, die vom Felde kamen,
weißt du, »und hüteten des Nachts ihre Herde«, wir kamen
doch aus dem Felde, von überall her kamen wir, es war so
ein Sammellazarett. Und dann war da einer, der hat angefangen: er hat seine Jacke, die innen aus Lammfell war, gegeben, und dahinein hat ein anderer das Kind gelegt. Er
brauchte sie bald nicht mehr, er wusste das. Er war mit dabei, alle waren wir dabei, die Sterbenden und die Schwerverwundeten, die beiden Schwestern, die keine Engel sein
wollten, nur zuerst, da hatten sie sich aufgestellt wie Engel.
Sie hatten sogar die Haube vom Haar genommen und gelacht, aber dann muss etwas geschehen sein: sie traten zurück, sie wollten nicht im Vordergrund stehen, zwei
Schritte nur, aber alle merkten: Engel waren sie nicht,
konnten sie auch nicht werden, auch eine solche Nacht erlöst ein Mädchen nicht. Sie reihten sich zu den Hirten,
stellten sich neben den Hammel, und die eine von ihnen
hielt die Stalllaterne hoch, als die Kerze abgebrannt war.
Die junge Mutter Maria weinte; in ihrem Schoß und zu ihren Füßen lagen Brot, ein Stück Speck, eine Decke aus
Wolle. Weihrauch, Myrrhe und Gold auch für dieses Kind.
Es waren keine Könige, die vor das Kind hintraten, aber sie
sahen aus, als seien sie weise geworden. Weise aus dem

Morgenland. Sie kamen aus dem Osten, ein unheiliger Stern hatte sie dorthin geführt, wo sie jetzt standen, aber ein guter Stern würde sie bald nach Hause führen. Sie trugen graue wattierte Röcke, einer hatte den Arm in der Schlinge, einer hatte nur noch ein Bein, und ein dritter trug eine Binde vor den zerstörten Augen, er war der Jüngste von ihnen. Der Älteste hatte den Platz neben Maria eingenommen, er hieß Josef, viele heißen so. Er hätte ihr Vater sein können, und er hätte sie wohl auch länger beschützt als nur diese eine Nacht. Er hatte niemanden mehr, der ihn noch brauchte. Er wollte sie mit sich nehmen, sie und das Kind. Der Krieg war zu Ende, man musste ihn bald entlassen, alt und krank, wie er war. Mit ihr wollte er nach Hause, in ein neues Zuhause. Sie wusste das noch nicht, er hatte es sich ausgedacht, als er das Kind im Schein der Laterne sah.
Es hat keinen Zuschauer gegeben in jener Nacht. Es war auch kein Spiel gewesen, kein Spiel an der Krippe mit frommen Liedern. Gesungen hatte keiner.
Angefangen hat es mit diesem Kind. Am späten Vormittag hatte man das Weinen gehört, einer hatte es zuerst gehört, hatte die anderen aufmerksam gemacht: sie horchten. Ein Kind. Ein neugeborenes Kind! Irgendwo im Lazarett, versteckt vor den tschechischen Wachtposten. Also hatte man die Frau doch nicht fortgeschickt. Am Nachmittag trug die Schwester, die jüngere von den beiden, das Kind auf einem Kissen im Arm und lief damit von einem Saal in den ande-

ren und rief: ein Kind! Seht bloß, ein Kind! – Sie war seit drei Jahren im Krieg, seit drei Jahren war sie Krankenschwester, aber sie hatte noch nie ein neugeborenes Kind im Arm getragen. Nur Tote kannte sie. In dem einen Saal hat sie gesagt: Seht! Ein Kind ist uns geboren! – Sie wusste nicht, dass sie mit den Worten des Evangeliums sprach, vielleicht hatte sie die nie gehört. Sie weinte, weil sie erst seit einer Stunde wusste, dass ein Kind Liebe bedeutet und dass alles, was sie von der Liebe wusste, falsch war, weil das Kind die Liebe und die Liebe das Kind ist. Sie weinte und stand zwischen den Betten und hielt den Männern das Kind hin. Keiner hat gelacht. Sie wandten nur die Köpfe weg, zogen die grauen Decken höher, dass man den Atem nicht sah. Dann kam einer von den tschechischen Soldaten und scheuchte die Schwester aus dem Saal; die aber lächelte und hielt auch ihm das Kind hin, und da ließ er sie vorbeigehen, rührte sie nicht an, was er sonst tat und was sie sonst zuließ. Es dämmerte früh. Kein Baum, keine Lichter, keine Briefe und kein Paket von zu Hause. Schlimmer als im Krieg. Dann weint das Kind, und niemand wusste nachher mehr, wie das alles gekommen war. Sie heißt Maria, hat einer gesagt, und der hat es dem nächsten Bett weitergesagt. – Es geht ihr schlecht. – Sie muss wohl sterben. – Da war es schon eine Stunde später, die Suppe war schon ausgeteilt, die Lampe über der Tür brannte, die vergitterte blaue Glühbirne, bei deren Schein man keinen Brief hätte lesen können. Bald danach waren sie aufgestanden, sie hatten das Kind sehen wollen. Sie hatten eine Frau sehen wollen, die ein Kind geboren hat. – Jeder hatte seinen Platz bald gefunden: die einen als Hirten, die anderen als Könige, als Josef der eine. Sie hatten auch Witze gemacht, so ganz geheuer war es ihnen nicht. Einer von ihnen hieß nämlich Ochse, und der musste sich neben den Hammel stellen. Sie trugen herbei, was sie unter dem Kissen vor den Blicken der Kameraden und dem Zugriff der Wachsoldaten versteckt gehalten hatten. Einer soll noch sein Eisernes Kreuz besessen haben, das hat er auch hingelegt. So etwas geschieht, da lacht keiner. Keiner hat darin das Kreuz gesehen, damals, das Kreuz bei der Krippe. Er hat ja auch nur gegeben, was ihm zu geben am schwersten fiel. Die Soldaten standen in der einen Ecke, die Tschechen mit ihren Gewehren in der anderen; zuerst stützten sie sich drauf, dann legten sie sie auf den Boden, zu Füßen des Kindes. Die junge Maria lächelte, die Wangen gerötet, die Augen glänzend und das Haar aufgelöst und blond. Sie verstand nichts mehr von alldem, ihr Kind lag warm und beschützt, sie fürchtete sich nicht mehr, sie lächelte in Traum und Fieber.

Hat wirklich einer gesagt: »Friede auf Erden – ?« Gehört hatten sie es alle. In dieser Stunde haben sie alle das Heil der Welt erblickt; die Könige, die keine Weisen waren, die Hirten, der Mann, der den blökenden Hammel an den Beinen hielt, dass er stillstand und nicht störe, und die Schwester, die die Laterne hochhielt, und der Mann, der ein Josef sein wollte, und der, der seine Jacke hergegeben hat, weil er wusste, dass das Kind sie nötiger brauchen würde als er.

In der Weihnachtsnacht, wenn ihre Kinder in den Betten liegen, versuchen die Männer, die damals dabeigewesen sind, in jener kalten, dunklen Nacht in Vicovice, Polanka, Rosnova, Nemece oder wie dieser Ort nun heißen mag, ihren Frauen davon zu erzählen. Und dann fragen die: Wer warst denn du? – Ich? Ich war der mit dem Hammel, sagen sie. – Ich war der Junge, der mit der Binde vor den Augen, weißt du das nicht? Der geführt werden musste. – Ich war einer von den Königen aus dem Morgenlande, ich hatte einen ganzen Laib Brot –

Wirklich? fragen die Frauen. Du warst einer von den Königen, den Weisen? – Du warst der mit dem blökenden Hammel? – Du warst jener Josef?

Sie sind ungläubig, sie lachen.

Es ist schwer, diese Geschichte zu erzählen. Von Jahr zu Jahr wird es schwerer.

Christine Brückner

Wiegenlied

Eia popeia
Was raschelt im Stroh?
Nachbars Bälg greinen
Und meine sind froh.
Nachbars gehn in Lumpen
Und du gehst in Seid
Ausn Rock von einem Engel
Umgearbeit'.

Nachbars han kein Brocken
Und du kriegst eine Tort
Ist sie dir zu trocken
Dann sag nur ein Wort.
Eia popeia
Was raschelt im Stroh?
Der eine liegt in Polen
Der andre ist werweißwo.

Bertolt Brecht

Wir Nichtnazis und die Engländer

Mein damaliger Arbeitsplatz war die englische Kommandantur in Neustadt. Auch am 24. Dezember hatte der Tag damit begonnen, dass sich der Chef der Ortspolizei zum Rapport meldete. Er war ein Veteran, trug seinen Tschako seit dreißig Jahren, hatte seinen Diensteid treuester Pflichterfüllung schon dreimal geschworen: auf Kaiser Wilhelm, auf die Weimarer Republik, auf Hitler. Jetzt diente er mit der gleichen blinden Treue der Besatzungsmacht. »Melde gehorsamst: heute nacht 32!« Mein Chef, ein Hauptmann namens Rockley, verantwortlich für Sicherheitsfragen, sah angewidert auf. »Reinbringen«, sagte er kurz, und ich übersetzte hin und her. Der Raum füllte sich mit 32 Flüchtlingen aus der russischen Zone. Männer, Frauen, Kinder. Allesamt in einem erbärmlichen Zustand, Verzweiflung in den Gesichtern, dass die geglückte Flucht gleich hinter der Demarkationslinie gescheitert war.

»Die deutsche Polizei«, sagte jetzt der Hauptmann, »ist von der alliierten Kontrollkommission angewiesen, Grenzübergänger ohne entsprechende Passierscheine zu verhaften.« Ich übersetzte. »Meinerseits«, fuhr er fort, »habe ich jetzt die Pflicht, Sie in die Zone zurückzuschicken, aus der Sie geflohen sind.« Ich übersetzte und löste Proteste und Tränen aus. »Doch will ich hinzufügen«, sagte der Hauptmann und lächelte zum ersten Mal ein wenig, »dass ich nicht die Absicht habe, diese Pflicht zu erfüllen. Sie sind frei!« Als ich seine Worte auf deutsch wiederholte, gab es bewegende Ausbrüche von Erleichterung und Dankbarkeit. Ich war diese Szene ja gewohnt, jedesmal, wenn der Ortspolizeichef einen Fang Flüchtlinge zu melden hatte, spielte sich dasselbe ab, und mir kamen keine Tränen der Rührung mehr wie beim ersten Mal. Rockley war ein braver Mann, privat ein Polizist aus Birmingham, ein typischer »Bobby«, und als solcher wisse er, wie er mir einmal sagte, »when to do the decent thing«.

Michael Vermehren

»Und endlich ist Friede auf Erden«

Endlich daheim – und dann stand mancher »Draußen vor der Tür«. Denn andre hatten sich rasch zusammengetan, neue Ehen gebastelt, wacklige Verschläge gezimmert oder verlassne Wohnungen requiriert und wollten da keinen mehr reinlassen. Die Parks wurden ihrer Bäume beraubt: man musste heizen, Katzen kamen als »Dachhasen« in den Topf. Im eben gegründeten NWDR, dem Nordwestdeutschen Rundfunk, sprach der später berühmt gewordene »Reporter aus aller Welt« Peter von Zahn am Heiligen Abend einen Kommentar über Einsamkeit und Geduld, während sich der österreichische Bundeskanzler in erster Linie auf seinen Wein konzentrierte.

Aus der Chronik

Der 23. Dez. 1945 (Sonntag) Die französische Militärregierung gibt die Beschlagnahme der Saarbergwerke bekannt. Als Sender der amerikanischen Militärregierung nimmt Radio Bremen seinen Sendebetrieb auf. Zunächst wird regelmäßig zwischen 19 und 21 Uhr übertragen. Im Münchner Nationalmuseum wird eine Krippenschau eröffnet.

Weihnachtslied

Die Nacht ist vorgedrungen,
der Tag ist nicht mehr fern.
So sei nun Lob gesungen
dem hellen Morgenstern!
Auch wer zur Nacht geweinet,
der stimme froh mit ein.
Der Morgenstern bescheinet
auch deine Angst und Pein.

Dem alle Engel dienen,
wird nun ein Kind und Knecht.
Gott selber ist erschienen
zur Sühne für sein Recht.
Wer schuldig ist auf Erden,
verhüll' nicht mehr sein Haupt.
Er soll errettet werden,
wenn er dem Kinde glaubt.
(...)

Gott will im Dunkel wohnen
und hat es doch erhellt!
Als wollte er belohnen,

so richtet er die Welt!
Der sich den Erdkreis baute,
der lässt den Sünder nicht.
Wer hier dem Sohn vertraute,
kommt dort aus dem Gericht!

Jochen Klepper

Überleben

Das Generalthema des Jahres 1945 war nicht die Wieder-
herstellung demokratischer Strukturen, sondern das Überleben nach dem Überleben. Es war ein Notjahr ohneglei-
chen, das den Betroffenen sämtliche apokalyptischen Pla-
gen auf einmal servierte: Hunger und Armut, Arbeitslosig-
keit und Wohnungsmangel, Notzucht und Verachtung –
physische und psychische Qualen, wie sie das ausgeblutete
Land seit dem Dreißigjährigen Krieg nicht mehr erlebt
hatte. (. . .) Niedergewalzte Städte, ausgebrannte Bahnhöfe,
gesprengte Brücken, zerbombte Straßen. Millionen Menschen unterwegs: Flüchtlinge, Vertriebene, Evakuierte, ent-
lassene Soldaten. Fahrräder, Handkarren und Pferdewagen
die einzigen Transportmittel. Die Autobahnen ein einziger
Fußgängerboulevard. Überall Platznot, drangvolle, fürch-

terliche Enge. Die Dörfer von marodierenden Fremdarbeitern heimgesucht, die Bauern und mehr noch die männerlosen Bäuerinnen in steter Angst vor nächtlichen Überfällen. Drangsal und Demütigung, Mangel und Misere, wohin man blickte.

Und dann der Hunger, brennender, kreatürlicher Hunger. Wer auf die amtlich zugeteilten Rationen angewiesen war, die zwölfhundert, tausend oder gar nur achthundert Kalorien, die die Sieger den Besiegten bewilligten, war zu sicherer Auslöschung verdammt. Man konsumierte daher alles, was essbar war. Ein mit Sirup gesüßter Kleiebrei galt als Delikatesse, ein Säckchen Kartoffeln als Lebensversicherung, Pferdefleisch als königlicher Genuss. Selbst Hunde und Katzen waren ihres Lebens nicht mehr sicher. (. . .)

Man lernte sich zu bescheiden, man lernte aber auch sich zu wehren. Man lernte Rosengärten in Gemüseplantagen zu verwandeln, Eigenbautabak auf dem Küchenherd zu »fermentieren«, Schnaps aus faulen Pflaumen zu brennen, Kohlezüge zu bespringen und das schwarz erhandelte Schwein mit Beil und Brotmesser zur Strecke zu bringen. Die Jahre der nackten Not waren auch die Jahre der »Schwejks«, der Eulenspiegel, der wendigen Anpasser, der Gesetzesverächter, die es – erfreulicherweise – auch auf Seiten der Besatzer gab.

Rudolf Pörtner

Weihnachten 1945

Die Männer sind elend, die Männer sind matt,
sie sehen die Trümmer und weinen,
sie wandern von Steinen zu Steinen,
dann kommen sie endlich zur großen Stadt.

Die Stadt, die ist groß, und die Not, die ist groß,
der Winter, der hat sie gefangen,
er hält sie mit Zangen, mit Zangen,
und die Herzen sind leer, und die Herzen sind bloß.

Und der Friede ist wo? Und das Lichtchen ist wo?
das Lichtchen des Stalls mit dem Kinde?
Sie frieren im Winde, im Winde,
denn sie haben kein Licht, und sie haben kein Stroh.

Da stecken sie's an, das winzige Licht,
und haben den Frieden im Traume
und träumen vom Baume, vom Baume,
doch der Ochs und der Esel, den haben sie nicht.

Und wie sie so träumen, die armen drei,
drei Könige ohne die Krone,

da rührt sich's beim ewigen Throne,
da kommen der Ochs und der Esel herbei,

da lächelt das Kind, da funkelt der Stall,
da wandern die Tiere, die Tiere,
der Tiger erscheint mit dem Stiere,
und von den Vögeln kommt lieblicher Hall,

sie fliegen zum Baum in der Mitte des Stalls,
und endlich ist Friede auf Erden,
und zum Frieden strömen die Herden
vom Grund des Meers und vom Ende des Alls.

Die Weihnacht ist da, und das Christkind ist da,
und jedermann wünschet dem Jahre:
zur Grube, zur Grube es fahre,
dass niemals geschehe, was heute geschah.

Wolfgang Weyrauch

Die Bruderschaft der Einsamen

Wo sich in dieser stillen Nacht die Familien zusammenfin-
den, da bleiben viele Plätze leer. Die sie einnehmen sollten,

sind vielleicht nicht mehr unter den Lebenden, oder sie weilen wer weiß in welchem verlassenen Winkel dieser Erde. Sie liegen in kahlen Lazaretträumen. Sie ziehen über die kalten Landstraßen oder nächtigen im Schmutz der Wartesäle. Andere starren in fernen Ländern hinter Stacheldraht die Wände ihrer Baracken an und können nur ihre Gedanken heimsenden – in Häuser, von denen sie nicht wissen, ob sie noch stehen, und zu Menschen, die wie auf einem fremden Gestirn zu wohnen scheinen. So undurchdringlich ist die Schweigezone, die um sie aufgerichtet ist.

Gemeinsam ist uns heute weniger die Freude am Fest als die Trauer um die, die nicht zugegen sind. Durch das ganze Volk, durch den ganzen Erdteil zieht sich eine unsichtbare Bruderschaft der Einsamen, Heimatlosen und Getrennten. (. . .)

Das deutsche Volk muss diese erste Weihnacht des Friedens sehr einsam begehen. Einsam und im Armenhaus der Welt. Das ist nach all dem Geschehenen nicht verwunderlich. Es kann sogar gut so sein. (. . .)

Inmitten dieser Not ist es schwer, ein Wort des Trostes zu sagen. Mögen wir auch noch so überzeugt sein, dass die dunkelsten Tage vorüber sind, so wird uns doch der Gedanke an Trost heute allzu oft durch eins verbaut: durch die Bitterkeit unseres Gemütes. Diese Bitterkeit tut sich in den herabgezogenen Mundwinkeln und dem kurzen, harten

Auflachen unserer Zeit kund. Sie herrscht da, wo einer fühlt, dass er versagt hat, und wo er es sich nicht einzugestehen wagt, weil er zu bequem ist oder auch zu feige, mit sich ins Gericht zu gehen. Wer hätte nicht in diesen letzten fürchterlichen Zeiten oft und oft versagt? Wer hätte nicht, um es deutlicher zu sagen, Konzessionen gemacht, sein Gewissen misshandelt und seine Menschenrechte verkauft? Davon blieb der und jener schmerzhafte Stachel zurück in unserem Gemüt. Es entstanden Kammern verstockten Leides, aus denen kein anderer Ausweg zu führen scheint als in die Bitternis der Anklage gegen Zeit und Welt und Umstände. Solche Anklagen sind an die falsche Adresse gerichtet und fruchten gar nichts. Aber diese Verhärtung in der Bitterkeit macht Trost fast unmöglich und den Frieden mit uns selbst zu einer Illusion.

Vielleicht wird uns die Einsamkeit die Selbstprüfung erleichtern. Vielleicht, dass wir aus unserem großen Alleinsein die heilsamen und tröstlichen Kräfte entwickeln können, denen der Hader mit dem Geschick und die Bitterkeit der Gedanken einmal weichen müssen. Vergessen wir nicht, dass dem Einsamen zwei Helfer bleiben: die Zeit und ihre Schwester, die Geduld. (. . .)

Peter von Zahn

Wien, 1945

Zu Weihnacht 1945 gab es in Wien pro Kopf 900 Kalorien zu essen. Pro Wohnraum durfte nur eine einzige 25-Watt-Birne brennen. Der erste österreichische Regierungschef der Nachkriegszeit, Bundeskanzler Leopold Figl, war ein Staatsmann, der vom Wein seiner Heimatstadt Rust am Neusiedlersee beim ersten Schluck schon unterscheiden konnte, von welchem Hang, südseitig oder westseitig, der Tropfen kam. Wenn er betrunken war, und das war er oft, sprang er auf den Tisch und ließ sich von dort herunterfallen in die Arme seiner treuen, darauf vorbereiteten Anhänger. Dabei pflegte er zu rufen: »Da habt's ihn, euren b'soffenen Bundeskanzler!«

Figl, ein eiserner Patriot in schwerster Zeit, aus Hitlers KZ auf den Kanzlersessel gelangt, sagte zum Christfest 1945: »Ich kann euch zu Weihnacht nichts geben. Ich kann euch für den Christbaum, wenn ihr überhaupt einen habt, keine Kerzen geben ... Ich kann euch keine Gaben für Weihnacht geben. Kein Stück Brot, keine Kohlen zum Heizen, kein Glas zum Einschenken – wir haben nichts. Ich kann euch nur bitten: Glaubt an dieses Österreich.«

Günther Nenning

Im besetzten Deutschland

Wer Glück hatte, wohnte oder kam in eine der Westzonen: zu den Amis, den Briten, den Franzosen. Freilich, es gab die Entnazifizierung und die Re-education, die Umerziehung, eine sanfte Gehirnwäsche gründlich versauter Köpfe, und es gab eine kurze Zeitlang den fürchterlichen »Morgenthau-Plan«, der aus Deutschland Ackerfelder machen wollte, doch dann kam der Marshall-Plan und mit ihm finanzielle Hilfe, es kamen Care-Pakete, es gab Quäker-Schulspeisung (Suppe, Brei, auch mal Schokoähnliches, das in die mitgebrachten Essgeschirre des heimgekehrten Vaters gefüllt wurde), Lebensmittel wurden gegen Marken zugeteilt, anrüchiges Fleisch gab's markenfrei in der »Freibank« – und es gab dennoch Unterernährung und Sterben aus Schwäche. Besonders tragisch war das Schicksal der »Displaced Persons«, oftmals vormaligen KZ-Häftlingen, nun abermals in Lagern hinter Stacheldraht »in Freiheit«. Der nachmalige Chefreporter der »Süddeutschen Zeitung«, Hans Ulrich Kempski, grade 27-jährig, besuchte 1949 solch ein Camp, die SZ druckte den redaktionellen Nachsatz darunter: »Vielleicht, lieber Leser, führt sie in den Weihnachtstagen der Weg an diesem oder einem anderen Lager menschlichen Elends vorbei. Vielleicht können Sie zu diesem Fest der christlichen Nächstenliebe ein kleines Paket an der Pforte abgeben, und wenn es noch so bescheiden wäre . . .« – Überhaupt veranstalteten die Zeitungen jener Jahre

gerne Aktionen zur Mitmenschlichkeit und Hilfsaufrufe zum
Teilen und zum Abgeben gebrauchter Sachen, die dann von Re-
portern weitergereicht wurden, woraufhin abermals Reportagen
über Glückstränen und heulendes Elend folgten. Aber es war
auch ein Elend.

Hans Benders Erzählung von der Herbergssuche ist allerdings
ein dialektisches Meisterstück. Sie kommt so harmlos daher als
naheliegende Analogie auf die biblische Erzählung: Josef und
Maria heute, wiederum in allen Herbergen abgewiesen . . . Aber
als Erzählung in der Schule, und die Empörung des Jungen über
solch eine Hartherzigkeit! Und dann die Konfrontation mit ge-
nau diesem Ansinnen zuhause – und jetzt der Ärger über eine
Zumutung . . .

Da mag mancher sich an sein Verhalten im Dritten Reich oder
auch an Situationen nachher erinnert haben.

Aus der Chronik

Der 21. Dezember 1946. Bei Säuberungsaktionen in den Bibliotheken Sachsen-Anhalts sind über 830 000 Bücher nazistischen und militaristischen Inhaltes ausgesondert worden. Das Komitee der befreiten Juden Hessens wendet sich gegen den Plan der Städtischen Bühnen Frankfurt/Main, Shakespeares »Kaufmann von Venedig« zur Aufführung zu bringen.

24. Dez. 1946. General McNarney verkündet in Frankfurt/Main die Amnestie für nur nominelle Nationalsozialisten. Die Berliner Bevölkerung erhält von den Militärregierungen Weihnachtssonderzuteilungen. Die Russen stellen 900 000 Flaschen Wodka sowie größere Mengen Zucker und Mehl zur Verfügung; die Engländer liefern Süßigkeiten, die Amerikaner Trockenobst, Früchtekonserven, Fruchtsäfte, und die Franzosen 100 000 Flaschen deutschen Sekt und 3000 Liter Moselwein. Die Verteilung soll ohne Rücksicht auf die Sektorengrenzen erfolgen. Die Enttrümmerung Berlins wird nach Ansicht von Fachleuten 25 Jahre dauern.

Zwei Strohsäcke – die einzige Weihnachtsfreude
Der vierte Heilige Abend im Flüchtlingslager (Wolfratshausen)

So ängstlich, als ob es einem gefährlichen Geheimnis gelte, vermeidet man im Wohnlager »Gartenberg«, vom Weihnachtsfest zu sprechen. Keines der 120 Kinder ist dort von Neugier gepeinigt, obwohl es viele Astlöcher in den Zimmerwänden gibt, durch die man so gut gucken könnte. Doch man weiß ohnehin alles voneinander. 150 Familien, 406 zerschlissene »Lagermenschen« kennen sich bis zum

Hemd, das aufgeblasen draußen auf einem Strick stumm das Weihnachtsfest einläutet.

Es fällt selbst dem Berichterstatter schwer, die Gartenberger über ihre Christfestgedanken zu befragen. Weihnachtsbäume? Fehlanzeige! Und den Menschen ein Wohlgefallen? O ja, die Bewohner von Gartenberg sind gute Christenmenschen und zu 90 Prozent Katholiken dazu. Sie wollen nicht murren, obgleich es schwerfällt, wenn man sich anschickt, den vierten Heiligen Abend im Flüchtlingslager zu verleben.

Wohnlager Gartenberg. Wie das klingt. Als ob man sich dort ganz gut zu Hause fühlen könnte. In der Tat, es finden sich anderenorts noch morschere Baracken, stärker belegte. Es gibt Grenz- und Massenlager voller Grauen. In Gartenberg aber wurden schon 60 000 DM reingesteckt, um die Dächer wasserdicht zu vernageln, um Zwischenwände zu ziehen und sonst manches zu reparieren. Viele von den Lagerbewohnern haben sogar zeitweise Arbeit, im nahen Wolfratshausen, im DP-Camp (= *Displaced Persons*), bei Bauern oder in der neuentstandenen Industrie auf dem Gelände der ehemaligen Sprengstoffwerke gleich jenseits der Straße, wo auch die neue Filmstadt gebaut werden soll. Der Staat hat, ebenfalls jenseits der Straße, neue Häuser gebaut, 92 Wohnungen sollen im Frühjahr bezugsfertig sein. Aber wenn man in einem elenden Bretterverschlag haust, teilweise zu *dritt* auf dem Strohsack *eines* Bettes schläft und fast täglich Kohldampf schiebt, dann ist es nicht leicht, daran zu glauben, dass es einem mal besser gehen soll.

Das Lager hat 15 Baracken. Mit Brettern wurden 150 »Wohnungen« abgeteilt. Die Menschen, die darin leben, haben schleppende Bewegungen, die gleichen, wie man sie in allen Lagern, den offenen und den bewachten, findet.

Sie tragen sich dick vermummt, als ob sie jederzeit bereit sein müssten, die Photographien von der Wand zu zwicken und weiterzuziehen. Diese Bilder von den toten Verwandten und dem verlorenen Besitz sind meist das einzig Persönliche, was die Lagermenschen umgibt und an ein besseres Gestern erinnert.

In einem Bretterkäfig lebt seit 1946 Dr. jur. Lambert Nagel, 60 Jahre, mit seiner Frau. Er ist Lagerleiter und bekommt dafür 230 DM. Damit finanziert er das Studium seiner Tochter. Wenn er in eleganter Manier seinen Krückstock durch die Faust wirbeln lässt und sich mit ironisch verzogenem Mund über »Humanität« auslässt, kann man das große Heulen bekommen. Früher war er Direktor der Raiffeisen-Zentralbank in Karlsbad. Einige Bretter weiter haust Frau Margarete Pawlowski aus Ostpreußen mit ihren acht Kindern. Neun bis 18 Jahre alt. 50 Quadratmeter Raum. 170 DM Unterstützung für alle zusammen. Der Mann ist vermisst. »Vielleicht kommt er doch noch vor dem Fest?« Zwei Strohsäcke sind die einzige reale Weihnachtsfreude. Ein Bauer hat sie gestiftet, damit zwei der Buben nicht mehr auf blankem Holz zu schlafen brauchen. Da ist ferner die 45-jährige Witwe Rosa Riedl aus dem Sudetenland. 26 Quadratmeter für sie und ihre fünf Töchter. Sie hat ein Auge verloren. Mit dessen gläsernem Ersatz schaut sie verloren vor sich hin und schweigt. Es ist unmöglich, in ihrer Gegenwart das Wort Weihnacht auszusprechen. Am Rande des Lagers hat sich der 42-jährige beinamputierte Vorarbeiter aus Niederschlesien Heinrich Hirsch einen kleinen Stall gezimmert. Für Kaninchen, Hühner und Enten. Seit drei Jahren lebt er in Gartenberg. Von seinen zehn Kindern wurde das jüngste hier geboren. Drei Buben toben draußen mit einem Hund durch die Pfützen. Es gibt in Gartenberg sehr viele Hunde und gerade die Flüchtlinge, die selbst kaum zu beißen haben, füttern einen treuen Köter mit durch, der ihnen aus der alten Heimat nachgelaufen ist.

Das Wohnlager hat eine Gasthaus-Baracke, ein Kaufhaus, das Josef Deimer gehört – »wissen Sie, der früher Millionär war« –, einen Fleischhauer, einen Konditor, ein Lebensmittel- und ein Textilgeschäft. Das sind die Glanzpunkte in der Siedlung des Elends. Dann gibt es noch eine 18-Mann-Lagerkapelle. Sie ist der Stolz von Gartenberg. Wenn sie zum Tanz aufspielt, kommen auch die Einheimischen ins Lager.

Ein rotes Plakat hängt im Landratsamt Wolfratshausen. Unterschrieben vom Staatssekretär für das Flüchtlingswesen, erinnert es die bayerische Bevölkerung daran, dass

Weihnachten 1949 für fast 2 Millionen Ausgewiesene in Bayern ein wehmütiges Gedenken an glückliche Zeiten und an die verlorene Heimat bedeutet. Rund 90 000 davon leben noch in Lagern, in 447 Lagern, die zu besuchen es keiner besonderen Genehmigung bedarf. »Vielleicht kommt hier und da doch plötzlich noch das Christkind vorbei«, meint Lagerleiter Dr. Nagel. Sein Stock saust ganz unmotiviert heftig durch die Luft. Als ob er sich schämen würde, an solch fromme Wunder zu glauben.

Hans Ulrich Kempski

Weihnachtslied

O Jesu, was bist du lang ausgewesen,
o Jesu Christ!
Die sich den Pfennig im Schnee auflesen,
die wissen nicht mehr, wo du bist.
Sie schreien, was hast du sie ganz vergessen,
sie schreien nach dir, o Jesu Christ!
Ach kann denn dein Blut, ach kann es ermessen,
was alles salzig und bitter ist?
Die Trän' der Welt, den Herbst von Müttern,
spürst du das noch, o Jesuskind?

Und wie sie alle im Hungerhemd zittern
und krippennackt und elend sind!
O Jesu, was bist du lang ausgeblieben
und ließest die Kindlein irgendstraßfern.
Die hätten die Hände gern warm gerieben
im Winter an deinem Stern.

Peter Huchel

Der Koffer

Koffer guckt man im allgemeinen nicht genauer an. Leute
tragen sie herum, reisen mit ihnen. Manche Koffer sehen
schön aus, sind aus glattem Leder, manche sind abgewetzt,
fallen beinahe auseinander. Im Märchen gibt es Zauberkof-
fer; in der Wirklichkeit gibt es sie nicht. Der Koffer, den
Georg neben sich herschleifte, war für ihn zu schwer, aber
wichtig. Georg war zehn Jahre alt, reiste mit seiner Mutter,
seiner Schwester und seiner dauernd mürrischen Großmutter ins Ungewisse. Damals, 1945, reisten viele Leute ins
Ungewisse. An einem Ort, den sie vorher nicht gekannt
hatten, kamen sie dann an und richteten sich ein.
Sie waren noch nicht angekommen. Sie fuhren in einem
Zug, von dem man sich heute keine Vorstellung mehr ma-

chen kann: er bestand aus lauter Güterwaggons, in die Menschen gepfercht waren. Und das für Wochen. Wer Glück und Kraft hatte, konnte sich einen Platz zum Liegen erobern. Die anderen saßen Tag und Nacht mit angezogenen Knien auf den Holzbrettern und warteten darauf, irgendwann aussteigen zu können.

Der Zug hielt des öfteren auf den Abstellgleisen größerer Bahnhöfe. Sehr viele Bahnstationen waren von Bomben getroffen, ein Teil der Gleise war aufgebrochen, es sah aus, als führten die Schienen, von der Hitze und den Detonationen gebogen, in den Himmel. Sie hielten auf dem Bahnhof von Landshut. Jemand sagte, heute ist Heiligabend. Die Leute, die seit zwei Wochen unterwegs waren, hatten es vergessen. Sie hatten nicht vergessen, dass es Winter war, denn sie froren Tag und Nacht und konnten sich nur aneinander wärmen. Georg sprang aus dem Waggon, lief die Böschung hinunter, rutschte aus, fiel hin, blieb im Schnee liegen und sah im Fenster eines Hauses, das entfernt und einzeln stand, einen Weihnachtsbaum. Er konnte sich nicht denken, dass irgendjemand auf dieser Welt in einer warmen Wohnung Weihnachten feierte. Er hasste die Leute, die die Kerzen an dem Baum angezündet hatten, stellte sich vor, dass Kinder Geschenke auspackten und wünschte sich, sie verprügeln zu können. Ein paar der älteren Leute fingen an, »Stille Nacht« zu singen. Er wollte das Lied nicht hören, stopfte sich die Finger in die Ohren. Für ihn gab es kein Weihnachtsfest, der Zug war kein Ort dafür, auch das Gleis am Rande des Bahnhofs nicht. Nur wusste er jetzt, dass es selbst zu einer Zeit, da fast alle unterwegs waren und nichts hatten, Menschen gab, die in Häusern wohnten und Weihnachten wie früher feierten. Ihn entsetzte diese Ungerechtigkeit. Er erwartete, dass eine Bombe auf das Haus falle.

Seine Mutter rief ihn und sagte, er solle den Koffer aus der Ecke des Waggons holen, seinen Koffer, sie habe etwas hineingepackt, über das er sich freuen werde. Er weigerte sich, sagte: »Ich habe keine Lust, mich zu freuen. Lass mich in Frieden.«

Seine kleinere Schwester sagte: »Aber ich will mich freuen.« Er zerrte den Koffer aus der Ecke, traf mit einem Knie Schlafende, wurde beschimpft und gestoßen. Sie setzten sich in einem Kreis um den Koffer, die Mutter öffnete ihn, kramte unter Kleidern und Wäsche und holte ein Hindenburg-Licht heraus. Solche Lichter gibt es heute nicht mehr, und man würde sie wahrscheinlich nicht mehr so nennen. Es waren flache Schälchen aus Pappe, in die um einen Docht Wachs gegossen war. Sie brannten unendlich lange, mit sehr kleiner Flamme. Die Mutter hatte keine Streichhölzer und musste eines erbetteln. Sie zündete die Kerze an, griff noch einmal in den Koffer, zog einen Schal und Handschuhe heraus. Den Schal gab sie ihm, die Handschuhe seiner Schwester. Die Großmutter sagte: »In Bethlehem war es gemütlicher.« Sie sangen nicht, es bildete sich ein Kreis um das Licht, man sah zu, wie es im Luftzug flackernd brannte. Georg schaute hinüber zu dem Fenster. Es war ihm jetzt gleichgültig. Er fand, dass Weihnachten, wie es früher war, nicht mehr sein konnte. Er fror, wickelte sich den Schal um den Hals und freute sich über die Wärme.

Peter Härtling

»Morgen, Kinder, wird's was geben . . .«
1945, eine Kleinstadt in der Niederlausitz. – Das Staunen, das ja eine Form des Nichtbegreifens ist, nahm kein Ende. Es kamen die Verwandten aus dem Osten, Hab und Gut auf einem Leiterwagen hinter sich herziehend. In einem Kinderwagen lag mein Cousin – tot, verhungert, aber doch nicht am Wegrand begraben. Und der Hunger plagte auch uns. Wir sammelten Ähren, gruben nach Kartoffeln auf abgeernteten Feldern. Kohlrüben hatten die Eltern gestohlen. Aus Zuckerrüben wurde im Waschkessel Sirup gekocht. Mein Vater sagte später, diese schwarze, klebrige Masse habe ihm das Leben gerettet.
Der Wald entwickelte sich zur Keimzelle des Überstehens. Ganze Tage und Wochen in den riesigen Kiefer- und Birkenwäldern ringsum. Blaubeeren, Preiselbeeren, Brombee-

ren, wilde Himbeeren, Holunder. Wir sammelten Pilze, die wir vorher nie angerührt hatten. Da auch die Weckgläser ausgingen und die Gummiringe, die beim Einkochen den Inhalt luftdicht abschlossen, gehandelt wurden wie Gold und Edelsteine, trockneten wir die meisten Errungenschaften unserer Sammelwut an langen Schnüren, die den ganzen Hof überspannten. Wir Kinder mussten Wache schieben, damit niemand was klaute.

Was das Holz anging: Kein Ästchen, kein Kienspan entging unserer Aufmerksamkeit. Nachts schlichen Eltern, Verwandte, Freunde hinaus, um heimlich Bäume zu fällen, immer auf der Flucht vor russischen Patrouillen. Aber es gab ja keine Kohlen, Gas und Strom nur stundenweise. Mein Vater sägte und hackte das Holz mit der gesundgebliebenen Hand (einarmig!) zu Scheiten, die wir an jedem nur verfügbaren Platz in Hausfluren, Lauben und Ställen aufstapelten, um sie vor Nässe zu schützen.

Und der Winter kam mit einer Erbarmungslosigkeit, die den Verhältnissen Hohn sprach. Das Schlimmste: Die mühsam gehorteten Kartoffeln und Rüben erfroren. In Ermangelung eines Kellers hatten wir sie in unserem Schrebergarten in Erdlöchern, sogenannten Mieten, vergraben. Mit Stroh und Erde bedeckt sollten die Schätze den Frost überdauern. Aber bei Temperaturen um 20 Grad minus half kein Stroh, keine noch so dicke Decke aus Erde.

Ich werde den Geschmack von erfrorenen Kartoffeln und

Rüben nie wieder los. Noch in der Erinnerung wird mir speiübel. Wir halfen uns damit, die süßlichen, matschigen Knollen zu einem Brei zu zerreiben und auf der blanken Herdplatte zu Kartoffelpuffer zu backen. Meist brannten sie in Ermangelung von Fett auch noch an. Aber der Hunger ließ uns vor gar nichts zurückschrecken.

Von Care-Paketen hatten wir zwar gehört. Aber in der »sowjetisch besetzten Zone«, wie der Raum jenseits der Elbe damals hieß, blieb das ein sagenumwobener Traum. Schokolade, hieß es, sei in solchen Paketen. Kaum erinnerten wir Kinder uns noch daran, was das war. Und so verklärte sich das zu himmlischem Manna, einer glückselig machenden Speise der Götter.

Jeder hatte so seine Träume. Meine Mutter hätte für eine Tasse Bohnenkaffee ihr letztes Hemd hergegeben. Und meinem Vater muss ein Paket Tabak wie eine Halluzination erschienen sein. Von gelegentlichen Diensten im russischen Offizierscasino brachte er Tüten voller Machorka-Kippen mit und rauchte sie dann in der Pfeife. Der Gestank war nicht zu beschreiben, weswegen der Raucher stets vor die Tür verbannt wurde.

Was das alles mit Weihnachten 1945 zu tun hat? Das war der Hintergrund, das waren die Perspektiven. Der Schulanfänger, der damals irgendwie zu ahnen begann, dass die Welt nichts Bleibendes ist, weil jeder Tag etwas Unvermutetes brachte, nahm auch die Not als etwas Selbstverständliches an. Irgendwann war es anders gewesen. Und irgendwann würde sich auch das Gegenwärtige ändern.

Aber Hunger zu haben, zu frieren, mit drei Geschwistern in zwei schmalen Eisenbetten zu schlafen, die Mutter nachts weinen zu hören – das gehörte zum Leben. Was man heute besaß, konnte morgen schon weg sein. Wir Kinder wuchsen mit Abschieden auf. Eines Tages zum Beispiel verschwand unser Hund. Am nächsten Tag gab es Fleisch. Unvorstellbar! Unvorstellbar? Meine Mutter gestand auch Jahrzehnte später nicht ein, dass man ihn geschlachtet hatte. Eine Nachbarin erinnerte mich unlängst ganz zufällig an den Vorfall. Und erst heute begreife ich langsam, warum Besitz mir noch immer Unbehagen bereitet.

Der Winter 1945, wie gesagt, kam mit ungeheuer viel Schnee und klirrender Kälte. Die zur Großfamilie angewachsene Gemeinschaft verbrachte die Tage meist in einem einzigen Zimmer. Die Brennstoffvorräte erlaubten es nicht, mehr als einen Raum zu heizen. Wenn wir in die eisigen Schlafzimmer hinüber sollten, würfelten wir, wer zuerst ins Bett gehen musste, um es anzuwärmen. Und die Angst vor dem Schulweg lähmte uns jeden Morgen.

Wir trugen damals lange, mit Strumpfhaltern an einem Leibchen befestigte Strickstrümpfe zu kurzen Hosen. Bis zum heutigen Tage begreife ich nicht, warum es uns Jungen verwehrt war, vor der Konfirmation lange Hosen zu tragen. Die Kälte bemächtigte sich unbarmherzig vor allem jener

Stelle, wo der Strumpf endete und die Hose begann. Aber Konventionen sind offenbar selbst in Notzeiten unüberwindlich.

So begann auch die Adventszeit in gewisser Weise, als sei nichts geschehen. Meine Eltern hatten irgendwo irgendwie ein paar Kerzen aufgetrieben. Ihr Entzünden am selbstgebundenen Adventskranz wurde sozusagen koordiniert mit den Zeiten der Stromsperre. Und gesungen wurde, als gäbe es etwas zu verteilen: »Morgen, Kinder, wird's was geben . . .« Wir hatten keine Vorstellung, was das sein konnte. Ich bekam die Zinnsoldaten meines älteren Bruders geschenkt. Und einen aufziehbaren Panzer, der beim Fahren mittels eines Feuersteins Blitze abschoss. Mein Bruder hat dafür Vaters ersehnte Briefmarkensammlung erhalten.

Natürlich wurde zum Festmahl das kostbare Goldrand-Service aufgefahren. Und das Silberbesteck. Wenigstens einmal so tun, als sei nichts geschehen. Die drei Hühner für ein knappes Dutzend Personen hatten die Eltern von einem Bauern besorgt. Vier Damastdecken aus der Aussteuer meiner Mutter hatten dafür den Weg auf bäuerliche Tische antreten müssen.

Lothar Schmidt-Mühlisch

Warten auf die Weihnachtsamnestie

Es war ein scheußlicher Regentag gewesen. In meinem Kanonenofen prasselte ein Feuer, und von meiner Jacke, die über der Stuhllehne hing, stieg Wasserdampf auf. Das Fenster hatte ich ganz geöffnet und die Tür einen kleinen Spalt. Interessiert las ich in der Zeitung die Auswertung der Volkszählung. Es gab 1950 noch ganze 47 Millionen Mitbürger, die Hitlers Großdeutschland übriggelassen hatte. Davon waren über zwei Millionen arbeitslos, und zwei Millionen lebten in Notunterkünften, in Baracken der ehemaligen Wehrmacht, in Nissenhütten und Luftschutzbunkern. Wie auch wir. Wir, das war ein bunter Haufen, übrig geblieben von einer Pleite gegangenen Baufirma. Darunter auch zwei schräge Vögel, obendrein Vollalkoholiker, die nachts in Bierflaschen pissten.

Anna Chowalski huschte über den Flur. Ich erkannte sie an ihrem chronischen Husten. Ein paarmal schlich sie vor meiner Bude hin und her, um dann leise an die Presspappenfüllung der Tür zu klopfen. Sie kam herein mit den Worten: »Haste nicht mal Feuer für ne arme Knastwitwe?« Ich gab ihr Feuer für die Zigarette, die sie in der Hand hatte, dann nahm sie ohne Aufforderung neben mir auf der Bettkante Platz. Anna rauchte, und in Gesellschaft trank sie auch.

Sie hatte mir mal erzählt, wie sie vor drei Jahren zum ersten Mal mitgetrunken hatte. Bis dahin musste sie immer nur

Kotze aufwischen. Nun hatte sie festgestellt, dass das Leben im Suff besser zu ertragen war. Dieses erbärmliche Leben in diesem erbärmlichen Luftschutzbunker.

Anna drückte ihren Zigarettenstummel im Aschenbecher aus, der auf meinem Oberschenkel stand. Im Flur schlurfte die dicke Kufke vorüber, und bei Pohlmänns plärrte ein Kind. Anna sah aus dem schmalen Fenster; die waren nach dem Krieg in die meterdicken Betonwände gesprengt worden und lagen drum in einem engen Schacht. So dass Anna nur ein kleines Stückchen von Gottes Himmel sehen konnte, und der war auch noch von einem schmutzigen Grau verhangen.

Plötzlich fragte Anna: »Was bist du eigentlich für'n Jahrgang?« »Zwoundzwanzig!«, gab ich zur Antwort. Sie sagte: »Da hast du dich aber gut gehalten! Mein Willi ist Jahrgang vierundzwanzig und sieht älter aus. Aber an dem haben sie auch viel herumoperiert, und steif geblieben ist sein Bein trotzdem. Damit kann er nun durch's Leben humpeln!« Von der Toilette konnten wir die Spülung rauschen hören. Ich fragte Anna: »Wie ist der Willi denn zu den Kindern?« »Ach – die hat er sehr gern. Besonders den kleinen Peter! Wenn Willi seine Rente holen geht, sagt er immer: So, Peter, der Papa geht jetzt sein Krüppelgeld abholen, und wenn der Peter artig ist, bringt Papa auch was Feines mit.« Ich fragte: »Tut er das dann auch?« Anna nickte mit dem Kopf und sagte: »Ja, immer! Aber er ist dann auch total knülle und sagt dann zu mir: ‚Olle schimpf nicht, ich hab mal wieder den Dank des Vaterlandes versoffen!'« Im Waschraum lief Wasser in ein blechernes Gefäß.

»Warst du nicht verwundet?«, fragte Anna. »Nein!«, gab ich kurz zur Antwort. Anna sagte: »Den Willi hat's gleich beim ersten Einsatz erwischt. Kaputt das Bein, für alle Zeit. Dafür bekam er dann das Ekazwo. Das gibt er immer dem kleinen Peter zum Spielen. Dann muss ich aufpassen, dass er das Ding nicht in den Mund steckt. Der hat schon die ganze schwarze Farbe abgekaut, und jetzt fängt das Ding an zu rosten!«

Das Ding, von dem Anna sprach, war ja wirklich aus Eisen und nur schwarz gespritzt. Deshalb hieß es ja auch Eisernes Kreuz oder militärisch kurz Ekazwo.

»Wie lange muss der Willi denn noch sitzen?«, fragte ich. »Bis zum siebten Januar. Aber er hofft, dass er noch unter die Weihnachtsamnestie fällt!« »Für was sitzt der Willi eigentlich im Knaste?«, fragte ich, und Anna, wie aus der Pistole geschossen: »Für Buntmetalldiebstahl! Und weil er letztes Jahr einen Weihnachtsbaum geklaut hat. Das macht dann nach Strafzusammenzug genau acht Monate!«

Anna erzählte mir noch, dass ihr Willi für die »Nachtschicht« (so nannte man das nächtliche Absuchen von Schrott- und Lagerplätzen nach Buntmetall) nicht geeignet wäre. Denn wenn der Nachtwächter oder die Bullen kämen, konnte er nicht schnell genug weghumpeln. Er war immer der, den sie zuerst am Schlafittchen hatten.

Anna zündete sich eine von meinen Zigaretten an und verabschiedete sich.

Ich verfiel in langes Grübeln über die Knastwitwe Anna Chowalski und ihr Kriegsopfer Willi, der einen Weihnachtsbaum geklaut hatte und nun von der Weihnachtsamnestie träumte.

Egon Neuhaus

Die Herberge

Rechts vom Pult, zwei und zwei hintereinander, saßen die Buben, links die Mädchen der ersten Klasse. Ich saß in der letzten Bank neben Edwin, den ich beneidete, weil er eine Federbüchse aus Amerika hatte.

Der Ofen glühte. Die Schritte und Räder vor den Fenstern dämpfte frisch gefallener Schnee. Es war vor Weihnachten.

Lehrer Kuhn erzählte die Geschichte der Herbergssuche in Bethlehem. In der Bibel stand nur ein Satz darüber, aber was machte Lehrer Kuhn daraus!

Er setzte sich mit gekreuzten Beinen auf das Pult, nahm die Pfeife aus den Zähnen und begann: Ja, damals kamen Maria und Josef auch durch unser Dorf. Es war schon dunkel, als sie die Straße von Eichtersheim herzogen. Maria saß auf einem Esel, Josef ging voraus und suchte mit Stock und Laterne den Weg. Maria sagte: »Ich habe Hunger und bin sehr müde.« Josef sagte: »In der ersten Gastwirtschaft werden wir übernachten.«

Vor dem Gasthaus »Zum Adler« band Josef den Esel ans Treppengeländer, klopfte die Stiefel an der untersten Stufe ab und ging hinein. Babette – ihr kennt sie alle! – stand hinter der Theke und schwenkte die Gläser. Josef fragte: »Haben Sie ein Zimmer für zwei Personen? Nicht zu teuer?« Babette war an diesem Tag mit dem linken Fuß aufgestanden. Sie sagte kurz: »Wir haben eins, aber das ist schon belegt. Leider.«

Josef nahm den Esel am Halfter und zog ein paar Häuser weiter vor das Gasthaus »Zum Lamm«. Erschrocken blieb er unter der Türe stehen, denn an den Tischen saßen vornehme Herren mit weißen Kragen und weißen Manschetten. Das waren die Geometer, die das neue Bachbett vermessen sollten. Der Lammwirt sah Josef unter der Türe stehen und ging rasch zu ihm hin, weil er nicht wünschte, dass die Herren gestört würden.

»Nein, mein Lieber, es geht nicht. Bei mir nicht. Aber frag doch in der »Sonne« nach, die haben ein Extrazimmer für Handwerksburschen! Vielleicht kannst du da – .« Das mit dem Extrazimmer sagte er so laut, dass es die Geometer hören konnten.

Der Sonnenwirt und die Sonnenwirtin waren freundlich zu Josef. Sie sagten beide fast gleichzeitig: »Aber beim besten Willen, es geht nicht! – Das Handwerksburschenzimmer ist schon voll. Dann ist unser Ältester in Ferien da, er studiert in Freiburg Theologie, sonst hätten wir recht gern sein Zimmer zur Verfügung gestellt.«

»Danke«, sagte Josef. »Gute Nacht, gute Reise!« sagten der Sonnenwirt und die Sonnenwirtin.

Auch im nächsten Gasthaus, in der »Reichspost«, hatten Maria und Josef kein Glück. Die Lichter waren schon gelöscht, und als Josef mit dem Knotenstock gegen das Tor schlug, fuhr der Kopf des Wirtes oben aus dem Fenster. »Was ist los? Ist das eine Manier?«

»Haben Sie ein Zimmer für meine Frau und mich? Meine Frau ist krank!« rief Josef hinauf. »Schert euch fort!« schrie der Wirt. »Ich vermiete meine Zimmer nicht an Vagabunden!« Klirrend schlug das Fenster zu.

Josef war traurig. Maria nahm den Schal über den Kopf und sagte: »Vielleicht gibt es noch ein Gasthaus im Dorf.« Lehrer Kuhn sah zu mir. Alle Buben und Mädchen drehten die Gesichter zu mir. Sie wussten nämlich, das letzte Gasthaus, bevor das Dorf zu Ende war, war der Gasthof meiner Eltern, der »Badische Hof«.

Mir schoss das Blut in die Stirne, und ich wusste nicht, wohin ich blicken sollte. »Na, Hansel«, fragte Lehrer Kuhn, »was hättest du gemacht, wenn Josef bei euch um eine Herberge gebeten hätte?«

Ich stand auf und stotterte hervor: »O, Herr Lehrer . . . ich . . . ich, ich hätte sie bestimmt aufgenommen.«

Die Wirkung der Erzählung war tief. Wir schworen den unfreundlichen Gastwirten, die Maria und Josef abgewiesen hatten, Rache. Die Fensterscheiben wollten wir einwerfen, dem Lammwirt, wenn er am Sonntag zum Hochamt ging, einen Knallfrosch am Rockschoß entzünden.

Zwei, drei Jahre waren seitdem vergangen. Heiligabend war zu feiern. Wir, meine Geschwister und ich, warteten in der Gaststube auf die Bescherung. Erst mussten die Gäste gehen, die lästigen, die nicht mal den Heiligen Abend zu Hause verbringen wollten. Am Stammtisch saßen sie und bestellten noch einen Wein, noch ein Bier, noch einen Schnaps.

Endlich wurde auch mein Vater ungeduldig und sagte: »Schluss! Feierabend! Geht jetzt. Wenigstens an diesem Abend wollen wir unter uns sein.«

Nacheinander zahlten sie und gingen.

Hinter dem letzten Gast wollte mein Vater den Riegel vorschieben, als auf der Straße ein Auto anhielt. Ein Mann und eine Frau kamen die Staffel herauf und redeten auf meinem Vater ein.

Eigentlich wollten sie noch bis Heilbronn fahren, sagte der Mann. Aber die Straße sei spiegelglatt, und seiner Frau gehe es nicht gut. Hoffentlich habe sie kein Fieber . . .

»Es ist Heiligabend«, sagte mein Vater. »Die Kinder warten auf die Bescherung.«

Vielleicht wären sie doch noch weitergefahren, aber mein Vater ließ sie eintreten und sagte: »Gut, es wird sich machen lassen. Heute sind alle Zimmer frei.«

Ich, der alles mitangehört hatte, war wütend. Neue Gäste machten Arbeit. Wahrscheinlich wollten sie auch noch essen. Das Zimmer musste geheizt werden. Und wieder waren wir nicht allein.

Ich ging weg, hinauf in den zweiten Stock, in mein Zimmer. Ich drehte innen den Schlüssel um, warf mich aufs Bett und heulte leis und laut ins Kopfkissen, und noch lauter, als meine Mutter an die Tür klopfte und sagte, ich solle aufschließen und herunterkommen zur Bescherung. Ich gab keine Antwort. Später hörte ich die Schritte meines Vaters draußen im Flur kommen. Als er an die Tür klopfte, stand ich rasch auf. Vor meinem Vater hatte ich Angst.

Er jedoch war ruhig, und seine Stimme klang sanfter als sonst. Er legte mir die Hand auf den Kopf, der noch vom Schluchzen gestoßen wurde, und fragte: »Du kennst doch die Geschichte von Bethlehem? Von Josef und Maria, als sie nach einer Herberge suchten und alle Gastwirte sie abwiesen?«

O ja, ich kannte die Geschichte und schämte mich, jetzt daran erinnert zu werden.

Als ich in die Gaststube kam, saß mein Bruder Hugo am Klavier und spielte »Stille Nacht, Heilige Nacht«. Die Kerzen am Baum brannten schon, und die Tannenzweige dufteten, wie immer.

Die Fremden saßen an einem der Tische vor den Fenstern. Sie legten die Messer und Gabeln neben die Teller, sahen zu uns herüber und sangen mit.

Ein schöner Weihnachtsabend wurde es noch. Ich bekam einen Anker-Steinbaukasten, zum dritten und letzten Mal, den »Robinson Crusoe«, einen ärmellosen Sweater und eine Pelzmütze mit Ohrenklappen. Wertvoller war jedoch die Erkenntnis, die mir gleichfalls damals geschenkt wurde: Wie schwer es ist, das Gute, von dem man gehört hat, auch zu tun.

Hans Bender

Allein

Wie leer die Zimmer zu Weihnachten sind. Die Tische und Stühle, für fünfundzwanzig Kinder gedacht, stehen verwaist. Die Türchen vor den fünfundzwanzig schuhkartongroßen Fächern des Regals gleich neben dem Eingang werden geschlossen bleiben. Ich kann jetzt unbeobachtet meine gesammelten Schätze ausbreiten und betrachten, ohne verlacht zu werden. Die anderen Kinder haben ihre eigene Puppe, ein eigenes Buch, Schokolade oder ein Täschchen mit etwas Geld in ihrem Fach. Sie haben Eltern, die ihnen an den Besuchstagen etwas mitbringen. Sie können sogar einmal im Monat nach Hause fahren. Ich bekomme keinen Besuch, auch keine Post. Ich denke, meine Mutter hat mich vergessen.

Die Besuchstage sind das Schlimmste. Ein Kind nach dem anderen wird herausgerufen, und bis zum Schluss hoffe ich, meinen Namen zu hören.

Ich hasse die Spaziergänge mit den übrig gebliebenen Kindern, die wie ich gereizt und traurig sind. Wenn ich groß bin, kaufe ich mir ganz viel Schokolade, dann dufte ich auch so danach wie die glücklichen Kinder an den Besuchstagen. Und eine Puppe werde ich besitzen. Der stricke ich dann einen Pullover, so einen, wie er jetzt getragen wird von den anderen Mädchen, und wie ich auch so gern einen hätte. In einem weichen Blau, mit Querrippen und Fledermausärmeln. Und Bücher werde ich dann haben, ganz viele. Denn Lesen ist das Schönste überhaupt. In den Büchern stehen meine Gedanken und Träume. Ich gehe auf Reisen darin und sehe die Länder, die im Erdkundeunterricht nur grüne oder braune Flecken auf der Landkarte sind. Eigene Bücher dürfte man mir bestimmt nicht wegnehmen, um mich mit Leseentzug zu bestrafen.

Ich werde »Lumpenmüllers Lieschen« genannt, weil mein Eigentum, mein Schatz, nur aus Fundstücken besteht. Ich bin eine Sammlerin, wirke immer schmuddelig, weil ich ständig schmutzige Hände habe von den Sachen, die ich finde. Ich reibe alles mit den Handflächen ab, bis ich unter dem Staub, Erde oder Rost die Schönheit finde, die mich zum Sammeln verleitet. Ich besitze ein Stück von einem plattgewalzten, löchrigen Auspuff. Schön wie filigrane Spitze. Und eine große, schwere Schraube, von der ich nicht weiß, wofür sie verwendet wurde. Das macht sie interessant, und ich kann mir geheimnisvolle Geschichten ausdenken: Maschinen, die durch sie zusammengehalten werden, mit denen ich vielleicht sogar fliegen oder weit fortfahren könnte. Laub habe ich von einem Zauberwald und schöne Steine von zerfallenen Palästen.

Weihnachten zurückgeblieben zu sein in diesem großen Haus, ist überhaupt nicht schlimm. Endlich bin ich etwas Besonderes, das einzige Kind. Ich habe das Schlafzimmer, das ich sonst mit zwölf Kindern teile, ganz für mich allein und auch das Bad. Ich kann mir aussuchen, an welchem der vielen Becken ich mich waschen will, brauche bei der Toilette nicht anstehen und darf am Tisch mit den Erwachsenen essen. Jetzt habe ich viele Mütter, auch wenn ich immer Sie sagen muss und es eigentlich Gruppenmütter sind. Jetzt bin ich nicht mehr die Nummer fünfundzwanzig, sondern das arme Kind, das Weihnachten nicht daheim verbringen kann.

Der Weihnachtsberg in der Eingangshalle gehört endlich mir. Ich darf heute alle vierundzwanzig Kerzen anzünden und auch das Christkind in die Krippe legen. Dreiundzwanzig Tage hatte ich gehofft, aufgerufen zu werden. An jeder Seite des Weges, der zur Krippe führt, stehen zwölf Kerzen. Wenigstens eine wollte ich anzünden dürfen. Ich hatte mitgeholfen, ihn zu bauen aus Erde und Moos. Hatte Schäfchen im Werkunterricht geschnitzt, die jetzt bei den Hirten stehen, nahe dem Stall mit Maria und Josef und den Engeln. Jeden Tag durfte ein Kind sich einen Engel aussuchen und oben auf den Berg zur Krippe stellen. Jeder Engel spielt ein anderes Instrument. Ich hatte mir schon den mit der Trompete ausgespäht. Als der vergeben war, entschied ich mich für die Geige. Danach gab ich mich mit dem, der ein Glöckchen trug, zufrieden. Aber auch daraus wurde nichts.

Sogar der Weihnachtsmann, der den Berg hinaufstieg, kam ohne mich zurecht. Auch ihn durfte jeden Tag eines der Kinder um einen Schritt vorsetzen. Je näher er zur Krippe kam, je heller der Weg wurde, umso intensiver hoffte ich: Wenigstens eine Kerze, bitte, lieber Gott! Vergebens. Trotz aller Mühe – nie war ich leise genug, brav oder ordentlich genug gewesen.

Jetzt endlich war ich dran!

Und auch der große Weihnachtsbaum würde heute Abend allein für mich angezündet werden. Dann werde ich aber singen, ganz laut! Ich kenne schon viele Lieder, die Weihnachtslieder sind mir am liebsten. Meine Handarbeitslehrerin, die sich sonst immer die Ohren zuhält, wenn sie nur meine Stimme hört, wird sich nicht trauen zu sagen: Hör auf, du hast so eine schreckliche Stimme. Denn ich bin ja das arme Kind, das hierbleiben musste.

Heute Abend werde ich mit den Erwachsenen ins Dorf zur Weihnachtsmesse gehen, und rechts und links wird einer meine Hand halten, damit ich mich im Dunkeln nicht fürchte und auch nicht über meine eigenen Füße fallen kann, was mir sonst oft passiert. Sie werden nur mich halten und beschützen, und ich werde mich nicht mit vielen anderen um dieses Privileg streiten müssen. Sie haben schon den Pelzmuff und die Pelzmütze für mich rausgelegt. Weißes Fell von einem Kaninchen, mit schwarzen Tupfen und einer glänzenden Kordel am Muff. Wunderbar weich fühlt es sich an. Eine Spende aus Amerika, die in einem großen Karton zusammen mit vielen Kleidern war. Schönen hellen Kleidern, mit Blumen. Ganz unpraktisch für uns, bei der Haus- und Feldarbeit. Deshalb wurden sie dunkel eingefärbt. Sogar dann noch waren sie zu schade für uns. Doch sonntags durften die anderen Mädchen sie tragen. Ich nicht, ich bin Lumpenmüllers Lieschen, ich trage auch am

Sonntag ein Kleid aus festem Stoff, der häufiges Waschen besser verträgt.

Nummer fünfundzwanzig steht in allen meinen Sachen, damit ich weiß, was zu mir gehört. Aber heute an Heilig Abend habe ich ein Kleid an, ein schönes, mit einer fremden Nummer drin, und plötzlich finde ich, dass ich schön bin und ein glückliches Kind. Kein böses mehr und auch kein lautes, denn wen müsste ich jetzt überschreien? Heute bin ich etwas Besonderes, das einzige Kind in diesem großen Haus. Heute werde ich singen vor Glück, für das Kindlein in der Krippe, das ich hineinlegen durfte. Für das Christkind, vor dem selbst Könige knieten. Das Eltern hatte, trotz Stall und Stroh.

Ich werde singen, weil ich so gerne singe und Lieder mich trösten. Und auch, weil ich lieber ein Engel mit Trompete bei der Krippe wäre, ein Engel, der fliegen kann, statt Lumpenmüllers Lieschen mit den schmutzigen Händen. Ich werde singen, weil ich schön bin.

Hanne Wickop

Es gibt wieder was

Kinder, wie gesagt, nehmen, was kommt und sehen, was da ist. Schuld haben sie ohnehin nicht, und Not kann (in Grenzen) auch ein Abenteuer sein, vor allem Ruinen, Schwarzmarkt, Müllhalden sind lauter phantastische Abenteuerspielplätze, Amisoldaten, Altmetallsammeln, Organisieren von Holz und Futter, das Herumprügeln mit Konkurrenzbanden: welch prima Herausforderungen!

Werner Schlierf wuchs in München-Giesing auf, Arbeitervorstadt und Glasscherbenviertel, wo auch das Münchner Original, der Lokalschreiber Sigi Sommer, zuhause war. Da ging's rauer zu als auf den Dörfern nahebei, etwa in Grafing bei München, der Zuflucht von Eugen Skasa-Weiß und seiner Familie; sie war aus Köln 1943 ausgebombt worden und zu den Großeltern aufs bayrische Land gezogen, in ein verflixt enges Häuschen. Wo alsbald die ganze Wiese ums Haus zu einem genau ausgetüftelten Nutzgarten umgebaut und im Hof Verschläge für Hühner und Kaninchen errichtet wurden. An Arbeit wie an Abenteuern fehlte es keine Minute. Und Samstag abends saß man vorm Radio (noch immer dem alten Bakelit-Volksempfänger) und hörte in großer Runde still dem Hörspiel zu. Fernsehen gab es noch nicht – es hätte auch niemand dafür Zeit gehabt.

Aus der Chronik

Der 24. Dezember 1948. Viele Werke teilen Weihnachtsgratifikationen aus. Die Belegschaft der Kölner Klöckner-AG erhält u. a. 3350 kg Fett und 20 000 Tafeln Schokolade. Im Herbst 1948 beschaffte das Werk 34 000 Ztr. Einkellerungskartoffeln für die Belegschaft, die zu 5,70 DM je Ztr. verrechnet wurden. Der Preis lag damit um 60 Pf. unter dem amtlich festgesetzten Preis.

25. Dez. Günter Neumann entwickelt das Rundfunk-Kabarett »Die Insulaner«. Es wird das erste Massenkabarett in Deutschland.

26. Dez. (Sonntag). Während der bisherigen sechsmonatigen Luftbrücke wurden 96 640 Flüge nach Berlin durchgeführt. In dieser Zeit konnten 700 172 Tonnen Ware nach Berlin gebracht werden.

Nachkrieg im Glasscherbenviertel

Mein Vater war während des Krieges »uk« gestellt. Dies hieß so viel wie »unabkömmlich«. Er leitete eine Abteilung bei den »Optischen Werken Steinheil & Söhne«, und diese Abteilung stellte Bombenzielgeräte her. Seine Untergebenen bestanden ausschließlich aus russischen Kriegsgefangenen, die ihm den Reinigungsspiritus in regelmäßiger Reihenfolge wegsoffen. Solche Leute galten als Saboteure, und

die Todesstrafe war ihnen beim Ergreifen gewiss. Natürlich deckte mein Vater seine Arbeiter, und sein Spiritusverbrauch war ungeheuer. Ich erwähne dies nur, damit man sich ein Bild von meinem Vater machen kann.

Mein Großvater, der Abenteurer der Familie, kam gerade noch rechtzeitig von der Front zurück, bevor seine Einheit restlos aufgerieben und von den Russen kassiert wurde. Kaum hatte er seine Füße unter dem Tisch ausgestreckt, war der barbarischste Krieg aller Zeiten beendet. Das Nachkriegsinferno begann.

Ich entsinne mich noch, dass ich gerade in unserer Wohnküche auf der Couch saß, als plötzlich im Hof ein wilder Radau begann. Russische Laute fetzten zu uns hoch, und meine Mutter wurde kalkweiß im Gesicht.

Man hörte allerorts von der Rache der Kriegsgefangenen, die nun wieder auf freiem Fuß standen. Und ihre Rache unterschied sich von keiner Rache dieser Welt. Immer öfter hörten wir unseren Namen, und meine Mutter wurde immer blasser. Endlich ging mein Vater ans Fenster, und ein tumultartiger Orkan brandete zu unserem ersten Stock empor. Die russischen Kriegsgefangenen meines Vaters brachten uns auf Leiterwagen geklaute Lebensmittel an, um ihre Dankbarkeit zu bezeigen, da sie mein Vater immer gut behandelt hatte. Russen, Polen, Tschechen, Franzosen und Deutsche, die den Mumm dazu hatten, plünderten in der

Reichszeugmeisterei, im Bürgerbräukeller und in verschiedenen Nazidepots. Meinen Großvater schnappten sie nie! Er sorgte dafür, dass wir unmittelbar nach dem Krieg in Fallschirmseide herumliefen.

Es hängt heute noch ein Ölgemälde in meinem Wohnzimmer, das mein Großvater damals mitgehen ließ. Leider ist es kein Nolde. Der Nachbar meines Großvaters rollte sogar ein ganzes Rad Emmentaler vom Bürgerbräukeller nach Giesing. Niemand hielt ihn auf. Der ganze Block fraß Emmentaler, bis allen die Löcher zum Halse raushingen.

Ein halbes Jahr später erwischten die Amis dann meinen Vater. Jeden Monat einmal fuhren er und zwei Freunde nach Mühldorf, um Ferkel einzukaufen, die mein Großvater dann in der Badewanne schlachtete. Doch einmal lief es schief. Die Militärpolizei schnappte meinen Vater, und er wanderte für ein halbes Jahr ins Zuchthaus Bernau. Eine harte Zeit brach für uns an.

Es war das erste Weihnachtsfest nach Kriegsende, das wir ohne meinen Vater feierten. Er saß bei Kohlsuppe und »Matratzenzigaretten« in Bernau und wir bei »Molke« und Rollgerstensuppe in Giesing und starrten auf einen Tannenzweig, da ein Tannenbaum einfach nicht denkbar war. Im Radio sang Bing Crosby »I'm dreaming of a white Christmas«, und mir knurrte der Magen. Mein Großvater starrte vor sich auf die Tischplatte und trank hin und wieder von seinem alten Maßkrug, in dem sich dieser eigenartige Bierersatz befand, den man allgemein als Molke bezeichnete.

Doch Alkohol muss drin gewesen sein, denn um elf war mein Großvater besoffen und kotzte die Badewanne voll, in der er immer die Schweine geschlachtet hatte. Meine Großmutter fluchte beim Saubermachen, und anschließend gingen wir in die Mette, die bei Kerzenlicht in einer Holzbaracke abgezogen wurde.

Es schneite leicht, und meine Füße, die in Holzsandalen steckten, waren gefühllos bis zu den Knien hinauf. Ich dachte an meinen Vater und hatte ungeheure Sehnsucht nach ihm. Gewiss dachte meine Mutter auch an ihn, denn ich sah Tränen über ihre Wangen kullern. Meine kleine Schwester Heidi, die noch ein Baby war, lag zu Hause in unserer zerbombten Wohnung und schlief neben meinem Großvater in den ersten Weihnachtstag hinein. Beide dachten an nichts. Und ich träumte vom Christkind, das in dieser Nacht über die ganze Welt flattern musste, und wunderte mich im Stillen, dass es bei uns so sang- und klanglos vorbeigeflogen war . . .

Werner Schlierf

Die weihnachtliche Weinprobe

Kurz vor Weihnachten gibt Großmama dem Ältesten einen Wink: »Ihr seid jetzt langsam in dem Alter«, sagt sie geheimnisvoll, »wo es sich gehört, seinen Eltern Weihnachten mit einer kleinen Überraschung Freude zu machen. Euer Papa hat mir als Siebenjähriger ein Likörglas gekauft, Bleikristall mit goldenem Rand. Da ist es noch.«

Sie öffnet das Büffet und zeigt dieses Naturwunder den vier Buben. Anfassen dürften sie es nicht. Sie sehen oberflächlich hin. »Das sieht ihm gleich«, sagt Ruprecht, »wo Großmama Schnaps überhaupt nicht mag.«

»Kein Mensch kann dem was schenken«, schupft Stefan resigniert die Achseln. »Er sagt es selber. Er braucht nix, sagt er . . .«

Eine Zeitlang herrscht große Neigung unter den vieren, heimlich für ihren Vater zu backen. Sie stibitzen Mehl und Zucker, lassen Backpulver, Hefe, Vanillin und Rosinen verschwinden, ohne davon zu naschen. Nur Michaels Rosinenvorrat fällt zweimal durch die Stichprobe der Volkszählung. Er ist zum Schenken noch nicht reif.

Aber die Abneigung ihres Vaters gegen Süßes macht sie bedenklich. Ruprecht bringt plötzlich auf, der Alte sei wild auf Unvergängliches. Frank meint, ein junger Hund sei so gut wie unvergänglich, und man hätte davon selbst allerhand. Die väterliche Einstellung zu jungen Hunden erweist sich als unväterlich bis dorthinaus. Der Hund wird verworfen.

»A Flascherl Wein wär' was für den«, grinst Michael.

»Stimmt«, gibt Stefan zu, »aus Wein macht er sich wirklich am meisten.«

»Wein is aber viel zu teuer!«, protestiert Frank. Ruprecht wendet ein, dass Wein das Vergänglichste überhaupt sei, was man verschenken könne. Aber dann sehen er und Stefan sich an und werden nachdenklich.

Am Heiligen Abend steht auf dem Tisch neben dem bunten Äpfel- und Walnussteller eine Flasche Wein. Rotbraunes Flaschenglas. »Aha, Rheinwein!«, denke ich bei mir und betrachte das Etikett im Halbdunkel des Kerzengeflimmers. Es steht drauf:

1911er »Berchtesgadener Adlertanz« – Auslese
Original-Kellerabfüllung St. Bartholomä

Die vier haben sich gespannt hinter den Christbaum gestellt und achten, stolz und angstvoll, auf jede Regung in meinem Gesicht. Sie erleben zum ersten Mal das selige Glück, selbst das Christkind zu sein.

»Das – das ist eine enorme Überraschung!«, sage ich gedämpft und fange mich so weit, dass ich nicht vergesse, genusssüchtig auszusehen. »Enorm. ‚Berchtesgadener Adlertanz' – ein ungewöhnlicher Weinname. Eine Rarität gewissermaßen. Original-Kellerabfüllung St. Bartholomä! 1911er!! Da ist alles dran. – Wo habt ihr«, frage ich leise, »diese Marke – eigentlich her?«

Ursprünglich wollte ich sagen: »gekauft«. Aber alles hat

seine Grenzen. »Original-Kellerabfüllung St. Bartholomä«
war eine Frechheit; ich sah im Geist die Kapelle am
Schwanz des eisigen Königssees und schauerte zusammen.

Die vier strahlten. »Vom Christkind!«, machte Stefan, und
Frank fügte töricht vor Glück hinzu: »Der schmeckt!
Süaß!«, wofür ihn Ruprecht scharf und still in die Knie-
kehle stieß.

Sie hatten also davon versucht. Ich floss über vor Dankbarkeit – so was Schönes, Teueres zu Weihnachten, alle Ach-
tung! Was für eine Überraschung! Echter »Berchtesgadener Adlertanz«, Spätlese sogar – eine Rarität! Im Grunde
nur was für Amerikaner oder den Aga Khan!

Sie waren begeistert. Ich sollte die Flasche vor der Christmette trinken, ganz allein! Auf meine Gesundheit.

»Ich muss herausbringen«, raunte ich draußen Großmama
zu, »wo sie das herhaben. Bestenfalls ist es ein Jux von bier-
seligen Forstgehilfen, auf den sie hereingefallen sind. Wenn
nicht . . . – du lieber Gott!« Ich erinnerte mich an den Pro-
zess eines Toilettenpächters, der nachts im Hotel die Pokal-
reste und Flaschenwein-Neigen neu zusammenstellte und
als kalte Enten verkaufte.

»Aber das Etikett ist richtig gedruckt, das ist vielleicht das
Tollste. 1911er!«

Eine Stunde vor der Christmette korkte ich die Flasche auf.
Es ging zu wie bei einer Glockenweihe. Jeder von den vieren hatte ein Probiergläschen vor sich stehen, Mama und

Großmama ein großes. »Ein möglichst großes«, sagte ich hintergründig. Mir saß die gleiche Furcht im Nacken wie den Opfern der Lucretia Borgia.

Kein Wein wurde jemals so feierlich zelebriert. Stefan zeigte als Auftakt noch einmal die Marke herum und wies auf den stolzen Jahrgang. Ich schenkte mir den Probeschluck ein. Was aus der Flasche floss, roch zu meinem Erstaunen unverkennbar nach Wein, nur war es rostbraun durchschillert wie Schlehensaft.

Sie stießen in der Runde an. Ich kniff entschlossen die Augen zusammen und ging das Flüssige vorsichtig mit der Zunge an. Es war erstklassiger Kopfwehwein, was sonst. Eine Promenademischung von gewässertem Silvaner mit verschnittener Liebfrauenmilch, gesüßtem Pfälzer und gepanschtem Kalterer See, daher die Rostfarbe. Mama und Großmama machten: »Fein!«, und den Vieren schmeckte es wirklich. Ruprecht begann sogar den anonymen Tropfen kennerhaft zu kauen. Ich ging hinaus und nahm vorbeugend eine Kopfwehtablette. Danach ging der »Berchtesgadener Adlertanz«, seiner Kostbarkeit ungeachtet, rasch zur Neige. Der Weihnachtsabend war so bedeutend, dass die Buben nach Herzenslust mithalten durften.

»Hauptsache, dass er schmeckt – so jung kommen wir bei einem edlen Tropfen nie mehr zusammen!«, animierte ich und jagte den letzten Tropfen durch die Kehle. Hinter den Wunderkerzen winkte ein scharfer Kirsch.

Es war, wie sich nach langwierigen Forschungen erwies, tatsächlich ein Zusammenguss von Koch- und Bowlenweinen, medizinfläschchenweise organisiert. Er stammte aus verschiedensten Elternhäusern. Für zwei Fläschchen voll bot Stefan fünf Pfennige; die Medizinmänner hatten feste Preise. Der Urban Franz – sein Vater besaß eine Druckerei – musste den heimattreuen Etikettenentwurf setzen und drucken, in höchster Heimlichkeit und nicht unter einem Fuchzgerl Lohn.

Aber jeder gute Tropfen hat seinen Preis. Von Spitzenmarken wie dem »Berchtesgadener Adlertanz« kann kein Mensch verlangen, dass sie dem Christkind zuliebe zu Ramschpreisen auf den Weihnachtsmarkt geworfen werden.

Eugen Skasa-Weiß

Frohe Weihnacht 1947

Das ist jetzt auch schon wieder lang her und war in der Zeit, wie man vom Frühjahr bis in den Herbst hinein barfuß zur Volksschule gegangen ist, ein Haferl für die Schulspeisung im Ranzen und eine Rotzglocke unter der Nase.

Barfußgehen hat man müssen, weil es Schuhsohlen gespart

hat, und man hat's auch wollen, weil es schön war, die harten Lehmstraßen zu spüren, die widerborstigen Rossbollen, und am Marktplatz, wo sie grad das Asphaltieren anfingen, den Teer zwischen den Zehen, der leider nur noch mir Bimsstein (und üblicherweise mit ein paar mütterlichen Watschen) abzuwetzen ging. Außerdem sind alle barfuß gegangen, das war einfach nicht anders. Im Winter mussten wir schon Schuhe anziehen, anders hätten die Schlittschuhe nicht gehalten. Und dazu trug man so braune Kniestrümpfe, die mit Strapsen an einem »Leibchen« festgemacht waren. Das System hat sich bis heute kaum geändert, nur dass es bei einer Frau einfach schöner ausschaut.

Wir waren vier, und ich der Jüngste und Kleinste, noch nicht mal in der Schule, sondern noch im Kindergarten, wo wir vor zwei Tagen ein sauber gereimtes Krippenspiel aufgeführt hatten, mit viel Erfolg und heißem Himbeertee, und ich war der heilige Josef gewesen.

Jetzt aber war Weihnachten, und zwar ein Weihnachten aus dem Bilderbuch: alles voller Schnee, und es schneite immerzu und aus den Hausdächern kam dicker Rauch, aber die Dächer waren ganz weiß, und weil es noch keine motorisierten Schneepflüge gab und so gut wie kein Auto, war alles ein großes Wintermärchen mit Trittpfaden durch die Gärten und zum Markt hinein.

Unsern Christbaum hatten wir am Abend vorher schon gestohlen, zusammen mit fünfzig, sechzig Ortskundigen, die auch alle zum Stehlen in der Dämmerung unterwegs waren: Überall schauten Sägen, Hacken, Äxte aus den Rucksäcken und den Kartoffelsäcken, und bei den heimwärts Strebenden wippten Tannenzipfel heraus, und man vermied es, sich mit Namen zu grüßen. Übrigens gab es kaum Streit, wenn zwei Parteien zufällig denselben Fichtenschössling ausgespäht hatten. Dann half man sich eben gegenseitig beim Suchen eines zweiten Baums: Es war Weihnachten, vom Krieg hatte jeder genug, jetzt gab man sich friedselig, freute sich auf den Lichterglanz am Baum und in den Kinderaugen – und vor allem aufs Essen und Trinken.

Und dazu bestand durchaus Anlass. Denn Wochen zuvor schon hatte es in manchen Familien Experimente mit Äpfeln, Mirabellen, Weizenkorn, ja auch mit Kartoffeln gegeben: Unbemerkt von amerikanischen Negersoldaten hatte man Tiegel, Kolben und Bunsenbrenner geliehen und in den Kellern und Waschküchen feine Hausbrände destilliert und auf Flaschen gezogen. Obendrein waren auf obskuren Schleichwegen pappsüße Samosweine aufgetaucht und fürs Fest der Liebe gebunkert worden.

Ging man in den dämmernden Schnee-Abenden vor Weihnachten durch die Gassen der Kleinstadt, so vernahm man gedämpftes Quieken, mattes Aufgrunzen und gelegentlich erregtes Schnattern, das nicht von den mehr oder weniger befriedigten Hausfrauen herrührte, sondern von den klammheimlich großgezogenen Gänsen, Kaninchen und

Schweinen. Deren private Aufzucht war in den Jahren der Markenzuteilung strengstens verboten. Die Abstecherei, das mit Knüppeln, Messern, Beilen vollzogene Werk der gesetzwidrigen Bratenbereitung, hatte daher in größter Stille zu geschehen. Nachbarn, die dennoch Lunte und Fleisch rochen, sei es, weil das Schwein über ihnen in halbgemetztem Zustand Amok lief, sei's, dass mit einem Mal Blut von oben die Eisblumenfenster besprenzte, diese Nachbarn also wurden mit einem Gansjung oder wenigstens einem Schlag frisch gerührten Bluts eingebunden in den Festtagsfrieden.

Dem begannen sich nun, am Heiligen Abend, nach und nach alle im Ort hinzugeben. Es dampften Selchschenken und glasige Sauköpfe auf Kraut, es gab morastig pralle Karpfen, Gänseschmalz und Entenfett und dazu diesen herrlichen Süßwein, Maisplätzchen, Nüsse. Die Großväter packten ihre Kartons, randvoll von gierig aufgelesenen Amikippen, auf den Küchentisch und rollten daraus neue Zigaretten; dann wurde der Selbstgebrannte ausgeschenkt, man leckte Fettreste von den Lippen und fiel sich gerührt und erstmals wieder delikatessengesättigt, beim Glanz der tropfenden Kerzen am Christbaum, in die Arme und um die Hälse: Friede, Freude, alles war nun gut!

Zum Dank für so viel Errettung ging nun jeder zur Christmette, voll Liebe zum Heiland, voll Vergebung jeglichem gegenüber, sogar sich selbst. Der Schnee knirschte im

Mondlicht, die Hände steckten in Kaninchenmuffs, die Seelen erhoben sich.

Die Kirche wurde voll wie lange nicht mehr. Im Hauptschiff standen sie gar dicht bei dicht im Mittelgang, dass man kaum noch zum Altar vorsah, wo gleich drei Geistliche lateinisch beteten und vier Ministranten die Weihrauchkessel schwangen.

Wir waren auf die Empore hochgestiegen, von wo aus man einen prachtvollen Blick auf den glitzerstrahlenden Altar und die Wohlrauchschwaden hatte. Selbst die Empore war übervoll mit zwei-, dreihundert dankbar Singenden und Betenden, Knieenden und wiederum sich Erhebenden. Die Liturgie damals war leicht verwirrend, regte aber den Kreislauf an.

Sangeskünste wie Gedächtniskraft waren nicht sehr stark, wie das stets bei Gemeindegottesdiensten ist, man gab sich mehr der stummen, gelegentlich in Bässen brummenden Versenkung hin, auch hatte man noch einiges zu verdauen oder hing dem Wohlgeschmack des im Hals nachklingenden Kartoffelschnapses nach, so dass es mit dem »Dulci Jubilo« nicht weit her war und das folgende »Es ist ein Ros entsprungen« bald nach der rätselhaften Feststellung »Aus Jesse kam die Art« ins Ungenaue abbrummelte.

Ich stand, sehr klein und eingezwängt, zwischen filzigen Mänteln, aus denen Naphtalin, schmelzender Schnee und Moder dampften; vor mir, in Nasenhöhe, die Spitzschnauze eines toten Fuchses mit Glasaugen und Krällchen, vom Nacken der Metzgersfrau hängend wie bei Habsburger Kaisern. Es wurde, obwohl die Kirchen damals in Frost erstarrt waren, mählich warm und stickig, man stand im Schutz der Kriegsgeretteten in feuchter, dicker Atemluft, die sich mit Weihrauch, Schnaps und Stearin zu einer Ursuppe anreicherte und das Gefühl tiefer Geborgenheit im Schoß der Gemeinschaft verlieh.

Dürre Gestalten, ausgehungert, abgekämpft standen sie da, manche den Tränen nah, einige mit dem Umkippen ringend – vor Schwäche? wegen des Alkohols? – das ließ sich nicht sagen. Doch alle warteten, süchtig, sehnsüchtig, auf das große Schlusslied der Christmette, auf das Lied dieses einfachen Landpfarrers und des einfachen Schullehrers. Und da wurde es endlich hoch über Empore und Kirchenschiff auf der Orgel intoniert, und sogleich fielen alle, wirklich alle mit Inbrunst ein: »Stille Nacht, heilige Nacht«, und das Tränenvergießen steckte an, je nachdem mit Trauer oder mit Freude gefüllt: »Alles schläft, einsam wacht«. Und wie dann alle, nach hochheiligem Paar und lockigem Haar, sich emporschwangen zur »himmlischen Ru-huuu«, da schoss, genau in diesem vokalreichen Augenblick, zusammen mit dem herausgeschluchzten und in die Höhe gezogenen »Uhuuu«, schoss ein kräftiger Strahl Brühe mir über die linke Schulter und klatschte in den Rücken der Metzgerin, und noch ein Strahl drückte nach, breiter gestreut und schlapper diesmal, aber da hatte sich die Metzgerin bereits umgedreht, dass der Fuchskopf flog, und hatte dem Folgestrahl daher ins Auge geblickt, ihren Gesang jäh angehalten und in einen Fluch verwandelt, denn der Strahl war einfach eklig.

Während ich mich noch verwunderte über die Wucht der waagrecht über meine Schulter angefeuerten Kotzgarbe und – der Mann musste doch sehr fett gegessen haben – über die zäh bodenwärts rutschende Bescherung auf dem Rücken der Zeternden, wurde abrupt deutlich, dass auch sie, die Metzgerin, den Christabend allzu üppig begangen hatte, denn aus dem eben noch singenden, dann fluchenden Mund drang jetzt gleichfalls eine scheußlich suppige Masse und machte sich platschend neben mir am Boden breit. Was aber darauf geschah, lässt sich nicht anders denn eine Orgie der Abscheulichkeit nennen, ein Bachanal des Übergebens. So, als sei damit das Signal zu allgemeiner Entleerung gegeben (und man darf nicht vergessen, wie rasch sich die ohnehin dicke Luft mit stehenden Fusel- und Verdauungsdämpfen auflud und wie das optisch Gemeine der Pfützen und Brocken die sowieso strapazierten Magennerven in Wallung versetzte) – nun jedenfalls ging es Schlag auf Schlag, Schwall auf Stoß, es platschte und rieselte, würgte und röhrte: Hie schierer Schnaps, da Kürbiskompott, dort Entenstücke schwarzgeschlachtet und da nun wieder Fischragouts, unterspickt mit Kuchenbrocken – das alles in dunkelgelb-rostbraunen Tönen, schwarzgallig durchflossen.

Es stellte sich rasch als der Weihnachtsstimmung abträglich heraus, dass es so kurz nach Krieg und Hunger schon so viele delikate Viktualien gegeben hatte, wovon sich nun eine zügig wachsende Auswahl auf den Holzdielen der Empore, den Betbänken, Mantelkrägen und Schuhen der Gläubigen in steter Ergießung einfand: alles, alles ward befleckt von illegalen Genussmitteln. Der Gesang, mittlerweile bei der dritten Strophe angelangt, bröckelte mehr und mehr ab, nur drunten im Kirchenschiff jauchzten sie innig »O wie lacht / Lieb aus deinem göttlichen Mund«, als mit einem Mal ein baumlanger Mann ganz vorn eine schauderhafte Garbe aus seinem klaffenden Sängermund im Bogen über die Emporenbrüstung hinabspie, gurgelnd und am Ende wie erlöst bellend.

Mit dem nun etwas gedämpfter von unten hallenden Reim »Da uns schlägt die rettende Stund« verließen jene, die noch zu fliehen kräftig waren, rumpelnd und keuchend die Galerie; alle zugleich strebten sie in die beiden Treppenhausabgänge, wo sie mit starrem Bodenblick und verzweifelten Hüpfbewegungen das Ausrutschen und Hinschlagen, oft vergebens, zu umgehen suchten. Es war wie bei den Heinzelmännchen zu Köln, bloß dass die Erbsen hier weichgekocht, ja halb schon verdaut waren.

Draußen dann endlich die klare kalte Luft, die Sterne, der Weihnachtsfriede und das seltsam erschütterte Heimwärts-stapfen durch den weißen Schnee. Nur hie und da hinter uns vereinzeltes, jähes Erbrechen, wie Böller durch die Christnacht, und vor uns, ebenso vereinzelt, sauber auf Schneewächten gesetzt wie Sterntaler, die eine oder andere Mahlzeit vom unlängst verklungenen Heiligen Abend.

Michael Skasa

Die Leoniwurst

Als ich klein war, gab es nur weiße Weihnachten, frostklirrend, staubschneeglitzernd – zumindest hat meine Kindheitserinnerung kein anderes Bild gespeichert. Einer dieser Winter muss unserer Stadt tatsächlich gewaltige Schneemassen beschert haben, es mag 1947 gewesen sein, ich war noch nicht in der Schule. Alles, was es an Verkehr gab, war lahmgelegt von einer stetig weiterwachsenden Schneedecke, die unterfüttert war von brockigen Eisschollen, denen keine Schneeschaufel mehr beikommen konnte.

Die Abgrenzungen zwischen Trottoir und Fahrweg verwischten sich, die Halden von Kriegsschutt neben den Gehsteigen waren weiß überwölbt, die Stadt hatte sich in eine bizarre Märchenwelt verwandelt.

Durch eine solche Feenlandschaft zog ich, so um den zweiten Advent, wieder mal meinen Schlitten vom Rodelberg nach Hause, die Hände erstarrt in den steifgefrorenen Wollfäustlingen, als mir eine wuchtige Gestalt den Weg versperrte. Erst nach mehreren Sätzen kam mir die Stimme des vermummten Riesen bekannt vor. Entstellt durch Fellmütze und Lodenmantel, wo ihn sonst Kittel und Kappe kenntlich machten, war er auch noch um mehr als die Hälfte nach unten verlängert, was mich verwirrte. Üblicherweise sah ich ihn ja nur von der Taille aufwärts, so viel eben von unserem Metzgermeister Bösl über den Ladentisch hinausragte.

Er müsse noch ein paar Körbe voll Ware in die Filiale liefern, hörte ich ihn sagen, aber bei den Schneemassen könne man den Lieferwagen keinen Zentimeter bewegen. Und zum Schleppen seien die Körbe nun wirklich zu schwer.

»Ich denk«, sagte der Herr Bösl jetzt gerade mit seiner doch unverkennbaren Ladenstimme, »wenn du so zwei-, dreimal mit deinem Schlitten hin- und hergehst, dann hätten wir das Ganze schnell transportiert.«

Mir blieb die Luft weg. Dieser mächtige Mensch, dieser Leberkäs-Großfürst und Gönner einer gelegentlichen Extrawurst, hatte mich soeben gebeten, ihm aus der Klemme zu helfen! Ich schwebte auf Wolken. Das brave Kind jener Jahre fand ja nicht wie die späteren Kids ein tägliches Geschenk im üppig bestückten Adventskalender, es war vielmehr gehalten, seinerseits täglich durch »gute Taten« das Christkind geneigt zu machen, ihm das ein oder andere Päckchen unter den Christbaum zu legen. In Kirchen und Kindergärten konnte man sogar eigens dafür hergerichtete Strohhalme für geleistete Guttaten in die Krippe legen: Je mehr davon zusammenkamen, desto weicher hatte es das Jesulein am Heiligen Abend.

Bei meiner Hilfsaktion für die Metzgerei Bösl musste doch einiges an christkindlicher Geneigtheit zusammenkommen! Dreimal zog ich meinen Schlitten hin und her zwischen den beiden Läden. Die Körbe waren schwer. Ich beeilte mich, so gut es ging, und gönnte mir nicht mal vor der Auslage der Puppenklinik eine Verschnaufpause, obwohl ich zu gern nachgeprüft hätte, ob das Klo mit Wasserspülung für mein Puppenhaus noch im Fenster lag; für den Fall, dass das Christkind grad meine Aktion beobachtete . . .

Als ich die dritte Korbladung in der Filiale abgeliefert hatte, kam die große Überraschung. Bösl junior fragte mich, welche Wurst ich am liebsten hätte. Ich wünschte mir ein »Radl Leoni«. Da griff der Franz in den gerade gelieferten Korb, nahm einen ganzen Ring »Lyoner Wurst« heraus und überreichte ihn mir! Einen ganzen Ring Leoni!

Mein Heimweg vollzog sich hüpfend. Deutlich sah ich die Gesichter vor mir, die Mutter, Tante, Onkel und Cousine beim Anblick der riesigen Wurst machen würden. Schon an der Haustür läutete ich Sturm, preschte die Treppe hinauf und fand mich wider Erwarten vor verschlossener Tür. Immerhin lag der Schlüssel unter der Fußmatte.

Ich schälte mich aus meinen eisbeklunkerten Kleidern, und da sich auch jetzt noch nichts im Haus rührte, packte ich meine Spielzeugkiste aus und zeigte dem Bären Max und den übrigen kleinen Gefährten die wunderbare Wurst. Sie waren begreiflicherweise begeistert, besonders der Max. »Und dann hat der Franz mir noch frohe Weihnachten gewünscht«, erzählte ich ihm gerade – da kam mir die herrlichste Weihnachtsidee.

Draußen drehte sich hörbar ein Schlüssel. Blitzschnell wickelte ich den Lyoner Ring in die Decke der Babypuppe, verstaute das Bündel zuunterst in der Spielzeugkiste und deckte es mit Puppen und Plüschtieren zu. Nur den Max behielt ich im Arm, damit Mutter gleich sah, weshalb die Kiste nicht mehr im Schrank stand. Sie war außer Atem: die Straßenbahn war im Schnee steckengeblieben.

Als ich an diesem Abend ins Kinderschlafzimmer ging, durfte der Max ausnahmsweise nicht mit ins Bett. Ich verstaute die Spielzeugkiste im Schrank und legte den Bären obenauf. Als Wächter. Mutter schlief schließlich im selben Zimmer. Mit Max und der Wurst.

Wie lange es dauerte, bis mein Geheimnis ruchbar wurde, weiß ich nicht mehr. Vier, fünf Tage? Auf jeden Fall muss meiner Mutter beim Öffnen des Schranks ein verdächtiges Aroma in die Nase gestiegen sein, dem sie nachging. Die Überraschung war groß, die Rührung noch größer, als ich ihr die Geschichte erzählte. Die ganze Familie scharte sich um das Wurstwunder in der Spielzeugkiste und freute sich lautstark über das fabelhafte Weihnachtsgeschenk. Nur meine Cousine rümpfte die Nase: Die große schöne Wurst, sie war gerade noch essbar – allzu pingelig durfte man damals nicht sein. Eine gutgepfefferte Kartoffelsuppe verdeckte den Hautgout.

Aber noch tagelang tat es mir leid um die vereitelte Überraschung unter dem Christbaum. Die Vorstellung allerdings, dass sich bis zum Heiligen Abend weiße Maden aus der Wurst in Max und die Puppen hinübergefressen hätten, war so scheußlich, dass ich doch dankbar war für die rechtzeitige Entdeckung. Meine Cousine hatte mir die zu erwartende Ekelinvasion aufs Grässlichste ausgemalt und ihren Vortrag mit dem Biologiebuch plastisch belegt.

Das Klo mit Wasserspülung war an Weihnachten in meiner Puppenküche installiert. Das Christkind musste von meiner guten Tat Wind bekommen haben. Oder es hatte die Wurst gerochen.

Brigitta Rambeck

Das Marzipanschwein

Weihnachten, das bedeutete 1949, als ich neun Jahre alt war: von morgens bis abends ist es auch im Wohnzimmer warm, nicht nur in der Küche! Man kann unter dem Tisch auf dem Teppich liegen und lesen. Zum Freuen gab es ein Wunderknäuel, in dem es klapperte, passende Stricknadeln, ein Paar Wollsocken aus aufgeribbeltem Garn und ein neues Buch. Zum Naschen gab es für alle Kinder einen Suppenteller mit Pfefferkuchen, einigen Nüssen, einem Riegel Schokolade, kleinen Äpfeln und – O Wunder in diesem Jahr! – mittendrin ein appetitlich rosiges Marzipanschwein. Weihnachtsluxus in Schweinchenform, überstrahlt von der Erinnerung der Erwachsenen an edles Königsberger Marzipan, wie es »in der alten Heimat« üblich war.

Ich weiß nicht mehr, warum meine Schwester und ich am zweiten Feiertag die Kachelofengemütlichkeit des Weihnachtszimmers im Erdgeschoss, wo der große geschmückte Baum stand, flohen. Der Winter war sehr kalt, draußen lag hoher Schnee, und unser Zimmer im ersten Stock war nicht heizbar. Aber wir wollten dort einen eigenen Weihnachtsbaum aufstellen und uns dann mit den Weihnachtsbüchern in die klammen Betten zurückziehen!

Wir besorgten uns einen Fuchsschwanz zum Sägen und sind in den Wald gestapft. Der Weg dorthin war viel länger als im Sommer, und von einem gutgewachsenen Tannenbaum den Wipfel mit steifen Fingern abzusägen, war so mühsam wie frevelhaft.

Als wir mit unserem Kinderbaum heimkamen, versteckten wir ihn zuerst hinter der Gartenhecke, sicherten den Weg ins Haus und die Treppe hinauf und schafften dann den Baum heimlich ins Haus. Wie wir ihn aufstellen konnten und ob wir ihn geschmückt haben, das weiß ich nicht mehr. Wohl aber, dass wir unsere ‚bunten Teller‘ mit dem, was uns an Süßem zugeteilt worden war, mit nach oben nahmen.

Unser Zimmer lag nicht nur abseits von den übrigen Familienräumen, sondern auch fern von der Toilette, die ein Plumpsklo war. Natürlich ganz und gar ungeheizt! Von unserm Zimmer aus erreichte man das Klo auf einem langen Weg durch die Kälte, über die Treppe und den Hausflur, durch die Küche und einen dunklen Gang. Drum hatten wir einen Nachttopf in unserem Zimmer.

Was nun passierte, begründete vielleicht meinen Hang zum Grübeln und Philosophieren, weil es Spuren hinterließ, die nicht zu sehen, wohl aber bedeutsam waren.

Mein Liebstes auf dem bunten Teller, mein unvorstellbar kostbares, immer wieder aufgespartes, nur ganz wenig erst (in Vorfreude auf die Wonne des vollmundigen Vertilgens) angeknabbertes Marzipanschwein fiel mir in den Nachttopf, ins Flüssige. Ich rettete es heraus, trocknete es ab, und fand es äußerlich makellos: Immer noch war es rosig, immer noch war es ein Schweinchen, immer noch Inbild des Weihnachtsluxus: Marzipan! Aber ich wusste, dass ich es niemals essen würde. Ich konnte ja nicht vergessen, was ihm widerfahren war.

Nein, ich habe es nicht mit dem Marzipanschwein auf dem bunten Teller meiner Schwester heimlich vertauscht! Das nicht. Aber ich habe es noch lange, lange aufgehoben und nichts verraten, obwohl die Geschwister mich triezten und wissen wollten, warum ich es nicht aß und auch nicht hergab. Ich hab es immer wieder angeschaut und konnte nicht fassen, wie etwas so appetitlich scheinen und doch nicht genossen werden konnte.

Und jedes Jahr zu Weihnachten, wenn ich schmelzend feines Lübecker und zart gebräuntes Königsberger Marzipan haben kann, so viel ich mag, erfasst mich ein philosophischer Schauder im Gedenken an jenes schließlich steinharte Marzipanschwein, das mir das Wasser im Mund zusammenzog und ewiglang aufgespart wurde, obwohl es – insgeheim – ungenießbar war.

Ute Andresen

Und sonst?

Rund 77 Prozent der deutschen Bevölkerung werden zu Weihnachten einen Festtagsbraten auf dem Mittagstisch stehen haben, allerdings können nur dreißig Prozent mit einer Gans rechnen – dies erfährt man durch eine Umfrage des Bielefelder Instituts für Meinungsforschung.

Über 36 000 Männer und Frauen werden noch in den Konzentrationslagern der Ostzone festgehalten. In der Sowjetunion werden noch 150 000 deutsche Frauen zurückgehalten.

Die römischen Straßenbahnen haben den Pilgern eine Weihnachtsüberraschung vorbereitet. Sie wollen zu Weihnachten in einen progressiven Streik treten, bei dem sie Tag für Tag früher ihren Dienst einstellen.

In London gab es zum ersten Mal seit dem Krieg wieder Ananas, Krachmandeln und Kokosnüsse zu kaufen – charakteristische Merkmale des englischen Weihnachtsfestes.

Am Rhein-Main-Flughafen Frankfurt eröffnete Bürgermeister Kolb die längste Startbahn Europas.

Die mit Omnibussen aus Berlin in den weihnachtlichen Westen eilenden Interzonenreisenden mussten an der Zonengrenze einen unfreiwilligen Aufenthalt von 24 Stunden in Kauf nehmen, da sich die Sowjets weigerten, an Stalins Geburtstag Reisende abzufertigen.

Fernsehen schafft moderne ›Höhlenmenschen‹.
›Video‹, eine neue Seuche in den USA.
In Amerika hat eine Abwehrbewegung gegen das Fernsehen eingesetzt. Was die amerikanische Öffentlichkeit dazu veranlasst, ist die vollkommene Umformung des geistigen, des Familien- und des gesellschaftlichen Lebens durch das ›Video‹, wie in den USA das Fernsehen genannt wird.

Von den 150 Millionen Einwohnern der USA besitzen bereits neun Millionen Fernsehempfänger. Bis zum Jahresende soll mindestens eine weitere Million dazukommen, und wenn die Seuche – denn als solche wird das Fernsehen drüben bereits betrachtet – im gleichen Tempo neue Opfer erfasst, dann wird es in zwei bis drei Jahren 40 Millionen Fernsehempfänger geben. Nehmen wir die Durchschnittsfamilie mit je vier Mitgliedern an, so wird 1953 praktisch jeder Amerikaner sein Fernsehgerät haben.

Die Sendungen beginnen zu Mittag und enden nicht vor Mitternacht. Und da sie bei Tageslicht beginnen, muss der Raum, in dem sie gesehen werden sollen, verdunkelt werden. Jene, die ein Haus mit Tiefgeschoss haben, entziehen sich dieser Notwendigkeit, indem sie das Fernsehgerät in besagtem Tiefgeschoss aufstellen, und so wird die Freizeit in ewigem Dämmerlicht zugebracht, ohne den wohltätigen ultravioletten Strahlen der Sonne ausgesetzt zu sein. Es steht fest, dass diese neuen Höhlenmenschen ihre Gewohnheiten wesentlich ändern. Innerhalb von sechs Monaten liest die Familie um ein Drittel weniger.

Man möchte glauben, dass das gemeinsame Fernsehen die Familienmitglieder einander näher bringt. Zwar sitzen alle wohl beisammen, aber die einzige menschliche Stimme, die das Schweigen der im Anblick der Fernsehprogramme versunkenen Menschen unterbricht, ist die aus dem Lautsprecher kommende des Ansagers oder Reporters.

Am schlimmsten ist die Wirkung auf Kinder. Manche der älteren Kinder verbringen – laut Aussage ihrer Eltern – täglich acht bis neun Stunden vor dem Fernsehgerät. Die psychologische Wirkung des Fernsehens auf die Kinderseele ist noch gar nicht abzusehen. Kinder sind sonst erfinderisch im Totschlagen der Zeit; die Generation jedoch, die ihre Feizeit vor dem Fernsehgerät verbringt, verliert die Lust und die Fähigkeit, Spiele zu erfinden, was erfahrene Pädagogen mit großer Sorge erfüllt.

SZ 22.12.1950

Und wie läuft's anderswo?

Den Emigranten wurde später schnöselhaft dümmlich vorgehalten, sie hätten's gut gehabt: saßen da in Amerika oder in England, vielleicht gar im heißen Australien, spürten nichts von Krieg und Not, während die armen Deutschen, die da geblieben seien, in Krieg und Gefangenschaft mussten! Es gab nur ganz wenige Emigranten, die sich gut über Wasser hielten – zumindest materiell. Thomas Mann gehörte dazu, auch Feuchtwanger, fast allen anderen ging's miserabel (bis zum Selbstmord).

Aber wenn man liest, wie völlig schneefrei man in Kalifornien und Australien das Weihnachtsfest begehen musste, in Sommerhitze unter Palmen . . ., da sagt man sich doch: Weihnachten ist nur echt in Kälte und (möglichst) Schnee. Und ein gewisses Maß an Armut oder zumindest Bedürftigkeit gehört an sich auch dazu. Das steigert die Sehnsucht nach Gutem und die Hoffnung, dass irgendwer einem Gutes tut. Wer in Champagner schwimmt, hat nicht wirklich was von Weihnachten. Es gehört Stallgeruch zum Weihrauch und Stroh zum Gold.

Aus den Tagebüchern, Pacific Palisades

P. P. Dienstag den 23.XII.47
Sonnig. Frühstück auf der Terrasse. Erheiterung über Panamas Widerstand gegen den Imperialismus der U.S.

und das öffentliche Entzücken darüber. / Hartmann v. Aue.
/ Landwind, Sommerhitze. Schlecht zu gehen. Erwartete
Pakete treffen nicht ein. Onkel und Neffe zu Besuch. Der
Weihnachtsbaum im Living room mit zu stark aufwärts ge-
wachsenen Zweigen. — Plaudereien »Small Talk« von Ni-
colson, hübsch. Neunte Symphonie, unerfreuliches Werk.

P. P. Mittwoch den 24.XII.47. Weihnachtsabend
Sommerhitze, absurd. Brief von Sternberg, London, über
die elende Lage der Anti-Nazi-Schriftsteller in der eng-
lisch-amerikanischen Zone. Gegangen zum Alten Haus.
Ausbleiben der Faustus-Exemplare, auch anderer erwarte-
ter Sendungen. – ½ 8 brennender Tannenbaum und Bescherung in Gegenwart der Gäste: Walters, Onkel und
Sohn, Eva Hermann. Ostasiatische Gegenstände, Wäsche,
Platten, schöner bequemer Schaukelstuhl für mein Schlafzimmer. Champagner-Souper mit Gänseleber und einer ex-
quisiten Kraftbrühe vor dem Brathuhn. Nach dem Kaffee,
während des Spiels der Pastorale, einbrechende Ankunft
der Leutchen aus San Francisco mit dem Hunde Micky.
Die guten Bübchen. Herzliches Wiedersehen mit Frido. /
Beschenkung, Tumult. Die Gäste gingen ½ 12.

P. P. Donnerstag den 21.XII.50
Der Leib noch schlecht. Thee in der Frühe. Hoover erklärt,
daß die beiden Ozeane als die Grenzen Amerikas zu vertei-

digen sind, nicht Asien u. Europa. Erschöpfung wäre das Ergebnis der Intervention da und dort. Alter Isolationist. Dummheit und Vernunft – les extremes se touchent, der Ring schließt sich. – Brief an Mühlestein, Albersheim, Moni u. a. Ging weit spazieren. Der Leib durch Enthaltung von Kaffee gebessert. Nach Tische Empfang eines jüdischen Ehepaars, das über Israel berichtete. Der Tannenbaum aufgestellt.

P. P. Sonnabend den 23.XII.50
Sonnig, angenehm. Der General Walker in Korea verunglückt. – Feuchtwanger ernstlich magenleidend. Wie ich mich noch halte, ist zum Verwundern. – Ausfahrt ans Meer nach P. P. – Abends wird der Lichterbaum geschmückt, nachdem das Manuskript-Unwesen bei Seite geräumt. Das Radio schwimmt in importierter Weihnachtssentimentalität mit Glocken. Unwiderstehlicher Zauber von »Stille Nacht, heilige Nacht«.

P. P. Sonntag den 24.XII.50
Weihnachtsabend. Sehr warmes Wetter. – Die Art, wie General Walker in Korea umgekommen, sehr unklar und verdächtig. – Beschäftigung mit den Hochstapler-Papieren u. dem gedruckten Text. Mit K. in Santa Monica. Viel Post. T. M. issue der »Germanic Review«. Eher quälend. Genug, genug. – Sehr heiß. Ruhte etwas im Studio. Früh kamen die

Weihnachtsgäste: Neumanns, die Gemme, Klaus Pr. und Sohn. Gesang im Arbeitszimmer. Lichterbaum, Bescherung. Vergnügen. Mein Tischchen bedeckt mit vielen nützlichen Dingen und einer Fülle willkommener Grammophon-Platten: Schumann-Lieder, Holländer, Lohengrin, Fledermaus, z. T. die vollständige Oper. Kerzen-Diner mit Champagner. Aufführung des sehr komischen »Wort im Gebirge« von Erika. Da capo. Alles erfreut über gute Gaben. Sehr müde.

P. P. Montag den 25.XII. Weihnachtstag 1950 Erika beim Morgenkaffee. Über den Plan eines kleinen Buches bestehend aus »Michelangelo«, Wagnerbriefe, Shaw und dem japanischen Brief, dazu vielleicht »Meine Zeit«. – Bad. Kaviar zum Frühstück. Golo reist nach Chicago zu einer Historiker-Convention.

Thomas Mann

Weihnachten in New York und Australien

In New York ist Weihnachten ein Tag wie jeder andere. Dieser Feiertag, der in vielen Teilen der Welt Stille bedeutet, bringt New York nicht aus dem Tritt.

Mir gefällt es, dass Geschäfte geöffnet bleiben, dass Cafés einen willkommen heißen. Ich mag es nicht, wenn Städte die Bürgersteige hochklappen und alle Läden geschlossen haben. Ich komme mir immer einsam und verlassen vor, wenn die Straßen menschenleer sind und man kein frisches Brot, keine frische Milch kaufen kann. (...)

Weihnachtsgrüße können in dieser Stadt ein politisches Minenfeld sein. New Yorker wissen das. Sie sind nicht so naiv zu glauben, jedermann wäre Christ. *Frohe Weihnachten* ist kein typischer New Yorker Gruß.

Von der neutralen Grußform *Schöne Feiertage* wird zur Weihnachtszeit in New York ausgiebig Gebrauch gemacht. Und das ist auch richtig in einer Stadt, in der Buddhisten, Hindus, Sikhs, Moslems, Juden und nichtchristliche Afroamerikaner große Teile der Bevölkerung ausmachen.

In Australien, wo ich aufgewachsen bin, sagten alle: *Frohe Weihnachten*. Juden sagten zu Chinesen: Frohe Weihnachten. Manche Juden wünschten sich untereinander frohe Weihnachten. Niemand wollte abseits stehen.

In Australien schien das ganze Land wegen Weihnachten zuzumachen – wegen eines Feiertags, der dort im Hochsommer bei oftmals erstickender Hitze stattfindet.

Um wettzumachen, dass die Feierlichkeiten in der falschen Jahreszeit begangen wurden, besprühten die Australier ihre Fensterscheiben und ihre Weihnachtsbäume mit einer klebrigen weißen Substanz aus der Dose, die Schnee simulieren sollte.

In meiner Kindheit säumten die Straßen der Vororte Häuser mit weißbesprühten Fenstern. Rundliche Weihnachtsmänner läuteten an Straßenecken und in der Innenstadt ihre Glöckchen oder verteilten Geschenke in den Kaufhäusern.

Sie waren in dicke, gepolsterte rotweiße Kostüme mit Handschuhen, Hut und Stiefeln gekleidet. Manche wirkten erhitzt und gestresst, als liefen sie Gefahr, einem Hitzschlag zu erliegen.

Weihnachten ist in Australien eine ausgesprochen überhitzte Veranstaltung. Die Leute sind zu Hause damit beschäftigt, Truthähne, Hühner und Schinken zu braten und zu begießen. In heißen Küchen rühren sie Saucen, und bei Saunatemperaturen garen sie Plumpuddings.

Gegessen wird mittags, und was gegessen wird, ist keine Nouvelle Cuisine. Diese Festmahlzeiten bei Temperaturen von über dreißig Grad zu verdauen ist keine Kleinigkeit. Nach dem Weihnachtsessen bleibt vielen Australiern nichts anderes übrig, als verzweifelt nach einem Alka Seltzer zu suchen.

Als Kind liebte ich Weihnachten. Wenn es unerträglich heiß war, fuhren meine Eltern mit mir an den Strand. Sie arbeiteten beide in der Fabrik und hatten Weihnachten immer frei.

Wir fuhren am späten Nachmittag zum Strand und blieben dort bis zum Abend. Meine Mutter nahm ein Picknick mit, das aus Gurkensalat, roten Rüben, Kopfsalat, harten Eiern, Schnitzel und Wassermelone bestand.

Wenn ich Glück hatte, kam ein Eisverkäufer vorbei, und ich bekam ein Eis am Stiel mit Schokoladenglasur. Das war das Beste an Weihnachten.

Lily Brett

Quellenverzeichnis

Ute Andresen: Das Marzipanschwein. Originalbeitrag, © bei der Autorin

Aus dem Feldpost-Archiv: Weihnachten fällt aus © Feldpostarchiv Berlin, MKB 3.2002.0309.0

Deirdre Bair: Samuel Beckett, Weihnachten 1945. Aus: Deirdre Bair: Samuel Beckett. dt. v. Werner Peterich. Reinbek, Rowohlt 1994

Hans Baumann: Hohe Nacht der klaren Sterne. Aus: Deutsche Kriegsweihnacht. Hg. v. Hauptkulturamt d. NSDAP. München, Eher 1943

Hans Bender: Die Herberge. Aus Hans Bender u. H.G. Schwark (Hg.): Das Winterbuch. Frankfurt a.M., Insel 1983 © beim Autor

Bertolt Brecht: Wiegenlied. Aus: Mutter Courage und ihre Kinder, aus: Bertolt Brecht, Werke. Große kommentierte Berliner und Frankfurter Ausgabe, Band 6, Stücke 6, © Suhrkamp Verlag Frankfurt am Main 1989

Lily Brett: Weihnachten in New York und Australien. Aus dem Englischen von Melanie Walz. Aus: Lily Brett: Weihnachten und andere Geschichten aus New York. © Deuticke im Paul Zsolnay Verlag Wien 2000

Christine Brückner: Geboren am 24. Dezember 1945. Aus: Christine Brückner: Was ist schon ein Jahr © 1987 Ullstein Buchverlage GmbH Berlin

Elisabeth Castonier: Internationale Weihnachtsfeier. Aus: Elisabeth Castonier: Mill Farm. Menschen und Tiere unter einem Dach © 1973 by F. A. Herbig Verlagsbuchhandlung GmbH, München

Dr. Goebbels zum Weihnachtsabend 1941. Aus: Deutsche Kriegsweihnacht. Hg. v. Hauptkulturamt in der Reichspropagandaleitung der NSDAP. Zusammenstellung Hermann Liese. 1942. Mit freundlicher Genehmigung des Bayerischen Staatsministeriums der Finanzen.

Fernsehen schafft moderne ‚Höhlenmenschen'; Süddeutschen Zeitung vom 22.12.1950

Anne Frank Tagebuch. Eintragungen vom 22. Dez. 1942 und 27. Dez. 1943. Einzig autorisierte und ergänzte Fassung Otto H. Frank und Mirjam Pressler. © 1991 By

Peter Härtling: Der Koffer. Aus: »Geschichten für Kinder«, Beltz & Gelberg, Weinheim 1988

Hauptkulturamt der NSDAP: Weihnachten in der Familie. Aus: Deutsche Kriegsweihnacht. Hg. v. Hauptkulturamt d. NSDAP. München, Eher 1943. Mit freundlicher Genehmigung des Bayerischen Staatsministeriums der Finanzen.

Peter Huchel: Weihnachtslied, aus: Peter Huchel, Gesammelte Werke in zwei Bänden. Band I: Die Gedichte, © Suhrkamp Verlag Frankfurt am Main 1984

Hellmuth Karasek: Weihnachten 1944. Aus: Hellmuth Karasek: Auf der Flucht © 2004 Ullstein Buchverlage GmbH, Berlin

Walter Kempowski: Rostock. Aus: Walter Kempowski, Tadellöser & Wolff © 1978 Albrecht Knaus Verlag, München in der Verlagsgruppe Random House GmbH

Walter Kempowski: Panzer. Aus: Walter Kempowski, Weltschmerz © 1995 Albrecht Knaus Verlag, München in der Verlagsgruppe Random House GmbH

Hans Ulrich Kempski: Zwei Strohsäcke – die einzige Weihnachtsfreude. Aus: Süddeutsche Zeitung vom 23.12.1949

Jochen Klepper: »Weihnachtslied«. Aus: Jochen Klepper, »Ziel der Zeit« – Die gesammelten Gedichte. Luther-Verlag Bielefeld. 7. Auflage 2003

Thomas Mann, P.P. Dienstag den 23.XII.47. Aus: ders., Tagebücher 1946–1948. Hrsg. von Inge Jens. © S. Fischer Verlag GmbH, Frankfurt am Main 1989

Thomas Mann, P.P. Donnerstag den 21.XII.50. Aus: ders., Tagebücher 1949–1950. Hrsg. von Inge Jens. © S. Fischer Verlag GmbH, Frankfurt am Main 1991

Thomas Mann, P.P. Sonntag den 24.XII.50. Aus: ders., Tagebücher 1949–1950. Hrsg. von Inge Jens. © S. Fischer Verlag GmbH, Frankfurt am Main 1991

Ali Mitgutsch: Vom Christkind und den Engeln. Aus: B. Rambeck (Hg.): Alljährlich grüßt die Weihnachtsgans. München, dtv 2005 © beim Autor

Mechthild Nagel: »Das Lied«. Aus: »Weihnachtsgeschichten aus schwerer Zeit«, Bd.6. Hg. Volksbund Dt. Kriegsgräberfürsorge e.V.

Günther Nenning: Wien, 1945. Aus: Rudolf Pörtner (Hg.): Weihnachten nach dem Krieg. Erinnerungen an 1945. Düsseldorf, Econ 1995

Egon Neuhaus: Warten auf die Weihnachtsamnestie © beim Autor

Rudolf Pörtner: Überleben. Aus dem Vorwort zu »Weihnachten nach dem Krieg«. Aus: Rudolf Pörtner (Hg.): Weihnachten nach dem Krieg. Erinnerungen an 1945. Düsseldorf, Econ 1995

Brigitta Rambeck: Die Leoniwurst. © bei der Autorin

Werner Schlief: Nachkrieg im Glasscherbenviertel. Aus: Werner Schlief: Kiesgruben-Krattler. Geschichten aus einer schadhaften Zeit. München, Buchendorfer [4]2004

Lothar Schmidt-Mühlisch: »Morgen, Kinder, wird's was geben . . .« Aus: Aus: Rudolf Pörtner (Hg.): Weihnachten nach dem Krieg. Erinnerungen an 1945. Düsseldorf, Econ 1995

Hans Dieter Serno: Frontbericht. Ukraine. 1943. Aus; »Weihnachtsgeschichten aus schwerer Zeit«, Bd.6. Hg. Volksbund Dt. Kriegsgräberfürsorge e.V.

Eugen Skasa-Weiß: Die weihnachtliche Weinprobe. Aus: Eugen Skasa-Weiß: Vier in Lederhosen. Freiburg, Herder 1977

Eugen Stamm: In amerikanischer Gefangenschaft. Aus: Rudolf Pörtner (Hg.): Weihnachten nach dem Krieg. Erinnerungen an 1945. Düsseldorf, Econ 1995

Wilhelm Ullius: Frontbericht. Am Donez, 1941. Aus: »Weihnachtsgeschichten aus schwerer Zeit«, Bd.6. Hg. Volksbund Dt. Kriegsgräberfürsorge e.V.

Michael Vermehren: Wir Nichtnazis und die Engländer. Aus: Rudolf Pörtner (Hg.): Weihnachten nach dem Krieg. Erinnerungen an 1945. Düsseldorf, Econ 1995

Fritz Vincken: Zwischenfall im Hürtgenwald. Aus: »Stille Nacht, heilige Nacht«. Volksbund Dt. Kriegsgräberfürsorge e.V.

Wolfgang Weyrauch: Weihnachten 1945. Aus: Wolfgang Weyrauch, Von des Glücks Barmherzigkeit, Aufbau-Verlag 1946

Hanne Wickop: Allein. Aus: Brigitta Rambeck (Hg.): Mein Weihnachten, S. 55–58. München, dtv 2000 © München-Verlag

Peter von Zahn: Die Bruderschaft der Einsamen. Aus: Rudolf Pörtner (Hg.): Weihnachten nach dem Krieg. Erinnerungen an 1945. Düsseldorf, Econ 1995

Abbildungsnachweis
S. 14, 31, 57, 76: Deutsches Historisches Museum Berlin; S. 119: © Henkel KgaA; S. 135: Michael Skasa

Anmerkung des Verlages
Wir danken den Verlagen und Rechteinhabern für die Erteilung der Abdruckgenehmigungen. Bei einigen Texten war es trotz gründlicher Recherchen nicht möglich, die Inhaber der Rechte ausfindig zu machen. Honoraransprüche bleiben bestehen.